# 종교로 세계 읽기

# 종교로 세계 읽기

이찬수 지음

이화여자대학교출판부

# | 책머리에 |

이미 우리말로 된 양질의 세계 종교 소개서들이 제법 출판되었지만,[1] 대체로 규모가 커서 일반 독자가 단기간에 핵심을 파악하며 읽기에는 부담스러운 면이 있었다. 게다가 번역서인 경우에는 한국의 종교 문화적 맥락이 거의 반영되어 있지 않아 한국 종교사는 무의미하거나 세계 종교사의 변방에만 머물고 있는 듯한 무의식적 착각을 일으키게도 한다. 그런 생각을 하던 차에 아예 욕심을 내고 말았다. 편견 없이, 그리고 신속하게—생각 같아서는 하룻밤에—핵심을 파악하게 해줄 세계 종교 입문서를 한국적 맥락을 견지하면서 써보자는 것이었다.

마침 필자가 이십여 년 가까이 강의하면서 정리해두었던 내용과

1 그동안 국내에서 출간된 세계 종교 입문서 중 추천할 만한 책들을 존평과 함께 이 책 맨 뒤에 참고 삼아 실었다.

교계 잡지에 연재했던 세계 종교 이야기들을 1차 자료로 활용할 수 있었다.[2] 방대한 내용이었지만, 그 핵심의 핵심을 가능한 한 쉬운 말로 추리고 풀되, 그저 옛날에 있었던 남의 이야기가 되지 않도록 변화하는 시대 상황을 반영하고자 했다. 그리고 한국의 문화와 어떤 관계에 있는지도 담고자 했다. 한국인이라면 누구든 세계의 종교 전통과 문화적 연결망 안에 있을 수밖에 없다는 사실을 느낄 수 있게 해줄 세계 종교 입문서를 만들어보려는 것이었다.

세계 종교 입문서라지만, 어떤 형식으로든 한국인의 삶 속에 들어와 한국인의 일부가 되어 있는 종교들을 우선 살펴보고자 했다. 그래서 선정한 것이 유대교, 그리스도교, 이슬람으로 대표되는 유일신 종교들과 힌두교 및 유 · 불 · 선으로 대표되는 아시아 정신 문화의 정수들, 그리고 한국적 종교성의 근간에 있는 무교巫敎와 근대 한국의 자생 종교인 천도교, 증산교, 원불교 등이다. 이와 함께 한국 역사와는 불가분리의 나라, 일본의 신도神道도 포함시켰다. 신도를 모르고서는 일본의 역사와 문화를 알 수 없을 뿐만 아니라, 야스쿠니 신사 문제 등 우리가 종종 접하는 일본 관련 뉴스의 속뜻도 제대로 파악할 수 없겠기 때문이다. 세계 문화적 '영향사'를 의식하고 쓰다 보니 한국의 자생 종교들에 대한 서술이 약소해졌지만, 다른 종교들에 대한 서술에서도 가능한 한 한국적 시각을 반영하려고 했으므로 다소나마 위안이 될 것도 같다.

2 『생활성서』(2002~3)와 『주간기독교』(2004)에 연재했던 필자의 짧은 글들을 기초 자료로 활용했다.

한국은 세계적으로 유례없는 종교 백화점 국가이다. 한국에 들어와 있지 않거나 영향을 미치고 있지 않은 세계의 대종교 전통은 거의 없다. 한국의 종교 상황을 잘 보면 세계의 종교 상황을 읽을 수 있다 해도 과언이 아니다. 더 나아가 '종교'라는 것이 인간 삶의 가장 근본적인 물음에 대한 답과 연결되어 있는 현상이라는 점에서, 종교를 이해하는 것은 인간을 이해하는 것이고, 복잡한 인간사의 총체인 세계를 이해하는 첩경이기도 하다. 이 책의 제목을 '종교로 세계 읽기'로 잡은 것도 그러한 이유에서이다.

애당초 의도했던 것은 아니었지만, 결과적으로 유대교, 그리스도교, 이슬람과 같은 유일신 종교들은 역사적 흐름을 중시하는 가운데 주요 사상이나 개념들을 정리하는 형식을 띠게 되었고, 유·불·선, 무교와 같은 한국화한 종교 내지는 한국의 종교들은 연대기적 나열보다는 한국인이라면 알아야 할 주요 개념 및 문화적 측면을 중심으로 서술하게 되었다. 이러한 서술 방식 속에 각 종교들의 기본 성격도 반영되는 것 같다. 유일회적, 직선적 세계관을 지닌 종교들은 연대기적 서술 방식을 따르는 것이 자연스럽게 느껴지고, 순환적 시간관을 지닌 동양 종교들은 연대기적 서술 방식을 넘어서야 도리어 그 정수가 더 잘 드러나게 된다는 점에서 그렇다. 그리고 필자의 무의식 속에 유일신 종교들은 그만큼 덜 한국적인 데 반해, 유·불·선 및 무교는 그만큼 더 한국적이라는 생각도 각인되어 있었던 것 같다. 한국 내 그리스도인이 가톨릭과 개신교를 포함하여 1,500만여 명이나 됨에도 불구하고 그리스도교는 물론 유대교, 이슬람은 '소개' 해야겠다는 생각이, 유 · 불 · 선과 무교는 '정리' 해야겠다는 생각이 더 강하게 드니 말이다.

물론 천도교, 증산교, 원불교 등 한국의 신종교는 근본 성격상 한국적이지만 아직 대중적이라고까지는 할 수 없는 까닭에, 역사적 흐름을 따르면서 핵심 개념과 사상만을 일반인을 위해 간단하게 소개하는 형식을 취했고, 힌두교 역시 불교를 통해 윤회적 세계관의 원천으로 우리에게 소화되고 있기는 하지만, 문화 전반이 체현된 정도는 아니라고 판단되어 힌두교 이해에 꼭 필요하다고 생각되는 내용을 시간적 흐름에 따라 정리하는 방식을 취했다. 도교의 저술 자세 역시 마찬가지였다.

그리고 그리스도교는 상당수 그리스도인이 신앙적 안목 때문에 놓치기 쉬운 역사적 측면을 예수라는 인물을 중심으로 정리했으며, 이슬람은 교리적 측면은 물론 20세기 구미 국가와의 분쟁이 지닌 현대적 의미까지 포함시킴으로써 오늘날 한국인과 결코 무관할 수 없는 종교임을 드러내고자 했다. 보통의 한국인에게는 낯설지만 그렇다고 무관할 수 없기는 일본 신도도 마찬가지이기에 종교문화사적 측면을 중심으로 신도의 요지를 차근차근 정리했다.

일찍이 종교학의 아버지로 일컬어지는 막스 뮐러가 괴테의 말을 변용하여 "하나만 아는 자는 아무것도 모르는 자이다" 라고 말한 바 있는데, 그것은 결코 과장이 아니다. 우물 안 개구리가 어찌 망망대해의 기운을 느낄 수 있겠는가. 의식도 못 한 채 자신의 편견 안에 안주해 있는 이는 응당 세계를 모르는 것이고 결국 자기 자신도 모르는 꼴이 된다. 알지 못하던 것을 새롭게 알아가면서 자신에 대한, 그리고 세계에 대한 더 넓고 깊은 눈을 가지게 되는 기쁨의 경험이 독서가 주는 묘미일 것이다. 아무쪼록 이 책이 다양한 종교들에 대한 이해를 통해 자신의 종교적 세계가 넓어지는 경험을 하는 데 일조할 수 있게 되기만을 바랄 뿐이다.

2009년 2월

개정증보판을 위해 기존 서문을 고쳐 쓰며

이 찬 수

## | 차례 |

# 1

# 다양한 종교 현상을 어떻게 이해해야 할까

## 종교란 무엇인가

흔히 '종교'라는 말을 들으면서 우리는 그동안 한번쯤 들어보았음직한 각종 이름들을 떠올릴 수 있을 것이다. 불교, 그리스도교(가톨릭, 개신교, 정교회), 이슬람, 유대교, 유교, 도교, 힌두교, 무교, 천도교, 원불교, 대순진리회, 일본 신도 등등…… 그러면서 그런 현상들에 '종교'라는 공통된 이름을 붙여놓는다. 그리스도교니 불교니 이슬람이니 하는 것들은 다양하고 차별적인 현상인 것 같지만, 가만 보면 공통적인 어떤 요소 내지는 부분들도 들어 있다는 것이다. 이들이 '종교'라는 범주로 묶일 수 있다고 한다면, 그때의 종교란 무엇인가?

사실 종교를 정의한다는 것은 인간을 정의하는 것만큼이나 힘들다. 인간은 인간의 끝없는 탐구 대상이다. 마찬가지로 인간이 있는 곳에는 어디나 있었고 여전히 있는 종교 현상 역시 하나의 정의나 규정 안에 갇히지 않는다. 그럼에도 불구하고 억지로라도 그 틀을 세워본다면, 종교는 우리가 늘 바쁘게 살아가는 일상적 삶 자체가 아닌, 일상을 가능하게 해주는 인간성의 깊이와 연결되어 있다고 말할 수 있다. 더 나아가 '산다는 것은 무엇인가'에 대한 답을 현실을 현실되게 해주는 근거 내지는 그 너머의 어떤 실재와 연결지으며 찾고자 할 때 우리는 그 답과 관련된 체계를 넓은 의미의 종교라고 할 수 있다. 이것은 종교의 어원과도 연결된다.

## '종교'라는 말

우리가 흔히 사용하는 '종교宗教'라는 말은 19세기 후반 일본 학자들이 religion을 번역하면서 만들어내다시피 한 용어이다. 그 이전 한자 문화권에서 '종교'라는 말은 일반적으로는 사용되지 않던 특수한 용어였다. 그저 '진리를 파악한 최상의 경지〔宗〕를 말로 나타내 가르친 것〔教〕'이라면서 중국 불교에서 간혹 사용되기도 했는데, 그것이 religion의 대응어로 받아들여지게 된 것이다.[1]

'종교'는 '마루 종宗'자에 '가르칠 교教'자가 붙어서 된 말이니, 풀면 '최상의 가르침 또는 으뜸되는 가르침'이 된다. 하지만 religion의 어원은 약간 다른 의미를 지닌다. 그것은 라틴어에 기원을 두고 있는데, 그동안의 쓰임새를 정리해보면, 어떻게 읽느냐에 따라 re-legere(다시 읽다)와 re-ligāre(다시 묶다)의 두 가지 뜻이 가능하다. 이 가운데 요즘 학자들은 '다시 묶다', 즉 재결합이라는 의미를 religion의 어원으로 중시하는 경향이 있다. 무엇을 다시 묶는다는 말인가? 좀 의역하면, '죄로 인해 멀어진 신과 인간을 다시 묶는다'는 의미이다. 신과 인간의 재결합, 신을 다시 만난 인간의 내적 상태가 religion이라는 것이다. 과거 중국 불교의 용례대로 하면 '진리를 파악한 최상의 경지'가 되는 것이다.

## 궁극적 관심의 상태

신을 만난 상태, 진리를 파악한 최상의 경지란 무엇을 의미하는가? 종교철학자이자 신학자인 폴 틸리히Paul Tillich는 종교를 '궁극적 관심에 사로잡힌 상태'라고 정의한 바 있다. 이때 '궁극적 관심ultimate concern'이란 그저 먹고 사는 데서 오는 일상적 관심이 아닌, 일상사를 가능하게 해주는 근원적인 관심이라는 뜻이다. 왜 살아야 하는지, 어떻게 살아야 하는지 실존적인 물음을 진지하게 던지다가 깊은 곳에서 솟아오르는 어떤 대답을 만나고 있는 상태와 유사하달

1 그 이전 일본에서는 敎法, 法敎, 宗旨, 神敎 등의 용어가 사용되고 있었으나, 1868년 독일북부연방과 체결된 수호통상조약 제4조에서 서양어 religion의 대용어로 宗敎라는 말이 처음 사용되었다고 한다. 藤田富雄, 『宗敎哲學』, 大明堂, 1976, 66-69頁 참조. 이때의 '종교'는 대체로 '가르침'으로서보다는 특정한 신앙 생활을 함께 하는 '공동체' 내지는 '집단'이라는 의미를 주로 지녔다.

까. 그러한 상태는 단순히 물질이나 명예에 대한 관심, 그 이상이다. 한편으로는 부모가 자식에게 기울이는 관심과 비슷하지만, 사실상 그것도 넘어선다. 더 이상은 기울일래야 기울일 수 없을 만큼 깊이 있는 관심에 사로잡힌 상태이다. 일상적인 삶 속에서는 보이지 않던 세계, 이른바 초월의 세계를 열어 보여주는 관심의 상태인 것이다. 이 관심의 대상을 그리스도인은 하느님God이라고 부른다. 불교적으로는 열반 또는 깨달음이 그에 해당할 것이다.

물론 인도에서는 브라흐만, 이슬람에서는 알라, 유대교에서는 야웨, 중국에서는 천天이나 도道 등으로 궁극적 관심의 대상을 표현해 왔다. 종교학적으로 보면, 이들은 모두 인간 실존의 근원적인 관심 및 그러한 관심을 가능하게 해주는 근거이면서, 그러한 관심사에 대한 답으로 간주될 만한 이름들이다. 깊은 사랑에 빠지면 늘 그이 생각만 나고 만사가 그이와 연결되듯이, 궁극적인 관심에 사로잡힌 사람은 일거수 일투족을 그 관심의 대상과의 관계 속에서 움직이게 된다. 궁극적 관심이라는 종교 규정은 인간의 내적 상태를 중심으로 한 해설이지만, 흔히 종교라고 불리는 다양한 현상들은 일단 이런 내적 상태를 근간으로 한다는 점에서 공통된다고 할 수 있다.

### 초월적 실재에 대한 믿음 체계

이 궁극적 관심의 대상, 그것은 일상적인 어떤 것들 가운데 하나가 아니다. 도리어 일상적 삶을 초월한다. 그런 점에서 '초월적 실재 超越的 實在, transcendental reality' 이다. 초월이라는 말은 눈에 보이는 방식, 귀에 들리는 방식, 손에 만져지는 방식 등을 '넘어선다'는 뜻이다. 흔히 보이지 않고 들리지 않고 만져지지 않으면 '없음'의 속성을 다 갖추었다고 하지만, 그럼에도 불구하고 없지 않고 '있다'는 것이다. 그래서 '초월적 실재'이다. 브라흐만, 알라, 야훼, 불성 모두 보이지도 않고 만져지지도 않고 들리지도 않는다. 그런데도 '있다.' 좀더 정확하게 표현하자면, 보고 듣고 만져지도록 해주는 근거로서 '있다'는 것이다.

사실 불교적으로, 특히 선불교적으로 보자면 불성 등을 이렇게 해석하는 것에 오해의 여지가 전혀 없지는 않다. 선불교적으로 보면, 불성이 보이고 들리고 만져지게 해주는 '근거'라기보다는, 보이고 들리고 만져지는 바로 그것 자체이기도 하기 때문이다. 그러기에 일상사를 더도 덜도 아닌 바로 그 일상사로 살아갈 수 있을 때가 깨달음이고 열반이다. 그만큼 불교적으로 보자면 진리는 저 너머에 있지 않고 철저하게 내재되어 있다. 물론 그렇다고 해서 문제가 다 해결된 것이냐 하면 그렇지도 않다. 철저하게 내재되어 있어 일상적 행위와 인식의 근거가 되고 있다고는 하지만, 그러한 사실을 깨닫기 이전에는 불성이 제대로 구현된 것이 아닌 까닭에, 불성을 일상적 인식과 단순 동일시할 수만은 없는 것이다. 불성이 일상적 인식 안에 있으면서도 그 일상적 인식을 초월해 있다고 말하는 것은 그런 이유에서이다. 그런 점에서 불성을 초월적 실재로 보고, 종교를 초월적 실재에 대한 인식 내지는 믿음 체계라고 규정한다 해도 큰 오해를 사지는 않는다.

## 종교의 핵심, 신앙

어떻게 보든 종교적 진리의 핵심은 인간의 내적인 상태에 있다는 점에서 이런 규정들은 공통적이다. 20세기 종교학의 영역을 대중적으로 확장시킨 엘리아데Mircea Eliade가 '성스러움의 나타남聖顯, hierophany'을 종교의 핵심으로 제시해온 것도 무언가 신적인 것을 체험할 수 있는 인간의 내적 본성을 전제로 하기 때문이다. 그에 의하면 성스러움이 스스로를 드러낸 시간과 공간을 다양한 종교 의례를 통해 끝없이 재체험해왔거나 재체험하고자 한 것이 인류의 종교사를 구성한다. 이때 중요한 것은 외적 종교 의례 자체보다 그 의례를 통해 내적으로 체험되는 성스러움의 세계인 것이다.

지구
엄청나고도 복잡한 듯한 인간 역사를 남김 없이 품고도 퍽 의연해 보인다. 하늘을 향한 절규, 인간 내면을 향한 명상도 이 안에서 일어난다. 유대-그리스도교, 이슬람, 힌두교, 유·불·선 등 세계 대종교 전통들의 탄생지인 이스라엘, 사우디아라비아, 인도, 중국이 정면에 보인다. 의도적으로 그렇게 찍은 사진일까?

이렇게 대다수 종교학자들이 동의하듯이, 종교의 핵심은 인간의 내면적 세계에 있다. 흔히 '종교'라는 말을 쓰면서 교회나 절과 같은 건물, 신부나 스님이나 목사와 같은 신분의 사람들, 혹은 기도하고 찬송하는 예배 장면이나 선교 행위와 같이 눈에 보이는 어떤 모습 내지는 자세를 연상하지만, 종교의 핵심은 그러한 가시적 사물을 낳은 근본에 있다. 그 근본을 흔히 '신앙faith'이라 부른다.

20세기 탁월한 종교사학자인 스미스Wilfred Cantwell Smith가 규정하듯이, 신앙은 교회나 절과 같은 건물, 각종 의례, 경전, 교리 등과 동일하지 않다. 어떤 교리에 대한 신념belief과도 다르다. 그보다는 교리 내지는 신념의 출처, 근원이라고 할 수 있다. 초월적 실재와 교감할 수 있는 인간의 내적 바탕인 것이다. 이 신앙이 예배당이나 사찰이라는 건물도 낳고, 이런저런 교리들은 물론 경전도 만들어낸다. 이렇게 내적 신앙이 외적으로 표현된 가시적 측면 전체를 스미스는 '축적적 전통cumulative tradition'이라 부른다. 흔히 이 외적 모습만을 종교로 간주하는 경향이 있지만, 넓은 의미에서 종교는 내적 신앙과 외적 전통을 모두 아우르는 개념이다. 사랑, 경외, 헌신의 마음과도 비슷한 개인의 내면적 성질이 외면적으로 표현되면서 종교의 역사와 전통이 이루어져가는 것이다.

이러한 표현들이 동서고금에 따라, 문화에 따라 다르다 보니, 사람들은 서로 다른 이름들을 붙여놓았다. 유대인들의 종교이니 '유대교'라고 하자, 예수를 그리스도라고 부르니 '그리스도교'라고 하자, 붓다의 깨달음〔佛〕과 같은 것을 추구하니 '불교'라고 하자, 알라를 믿으며 평화와 복종을 추구하니 '이슬람(평화)'이라 하겠다,

도道를 만물의 원리로 삼으니 '도교'라고 한다는 식이다. 그러나 사실은 이러한 다양한 이름들과 차별적인 외양 속에 가려진 근원의 세계가 중요하다. 그것을 일단 '신앙'이라 부를 수 있으며, 그 신앙은 그 문화권 안에 사는 사람들이 공감할 만한 문화적 양태로 가시화되고 있는 것이다.

이렇게 가시화한 외적 세계는 그 근원인 신앙을 지시하고 가리킨다. 응당 각 종교들의 교리, 의례, 건축 양식, 신화적 표현 그 자체들보다는 그 표현을 낳은 내적 신앙을 이해할 수 있어야 한다. 언어가, 세계관이, 예술 양식이, 즉 문화적 표현이 다르다고 해서 종교들 간에 우열을 매기고 차별적 눈초리로 바라보는 것은 대부분 부당한 행동이다. 그 종교의 핵심을 놓치는 일이기 때문이다. 교리, 건물, 제도, 경전 등 외적인 다양성의 세계를 통해 그 근원에 있는 것을 볼 수 있어야 한다. 그럴 때 종교를 이해한다고 말할 수 있다.

자신의 종교 역시 외적인 표현 안에 가두어서는 안 된다. 교리가 모든 것이라고, 경전 자체가 모든 것이라고 간주해서는 안 된다. 그 근원을 보고 그 근원에 어울리는 행동을 할 수 있어야 하는 것이다. 창을 통해 들판과 먼 산의 경치를 바라보듯이, 다양성의 세계를 통해 그 근저를 이루는 신앙의 세계를 볼 수 있어야 한다. 동서고금을 막론하고 인간이라면 갖추고 있는 신앙이라는 내적이고 보편적인 자질에 대한 공감의 자세가 종교 이해의 관건이다. 그것이 앞으로 세계의 다양한 종교들을 읽어낼 때 가져야 할 우리의 자세이기도 한 것이다.

# 2

## 작지만 큰 종교 유대교

### 하나만 아는 자는 아무것도 모르는 자이다

괴테가 이런 말을 한 바 있다. "외국어를 모르는 자는 자기 나라 말도 모른다wer fremde Sprachen nicht kennt, weiβ nichts von seiner eigenen." 비교언어학의 종지처럼 받아들여지는 이 말을 근대 종교학의 개조로 불리는 뮐러F. M. Müller, 1823-1900가 이렇게 바꾸어 썼다. "하나만 아는 자는 아무것도 모르는 자이다He who knows one, knows none." 다른 종교 전통을 앎으로써 자기 종교의 모습을 더욱 잘 알 수 있게 된다는 명언이다. 많은 학자들이 주장하고 있듯이, 가령 우리 민족의 조상인 '단군檀君'이라는 이름은 실상 몽골어 '텡그리Teng-ri'에서 나왔고, 또 뮐러가 밝히고 있듯이, 텡그리는 다시

천주天主 혹은 천자天子를 뜻하는 훈족(흉노족)의 '탕글리-쿠투tangli-kutu'와 연결된다는 연구 결과들은 우리 민족의 기원과 근원에 대해 보다 넓은 시각에서 알 수 있게 도와준다. 이처럼 나와 다른 것을 앎으로써 나를 훨씬 더 잘 알 수 있게 된다는 이치는 두말할 필요 없이 자명하다. 우리의 일상생활에서도 얼마든지 경험할 수 있는 일들인 것이다. 무엇보다 우리의 주제와 관련되는 종교들의 세계, 특히 유대교와 그리스도교의 관계에서 더욱 확연히 드러난다.

## 유대교란 무엇인가

현재 전 세계 인구의 절반가량인 약 30억 명 정도가 그리스도교 내지는 이슬람 문화에 친숙하거나 그 종교 전통에 속한 신자인 것으로 알려져 있다. 어마어마한 숫자이다. 그런데 그리스도교와 이슬람의 뿌리가 되는 종교가 있으니 바로 유대교이다. 유대교를 모르는 그리스도인이 있다면 그것은 마치 부모도 없이 저 홀로 존재하게 되었다고 착각하는 어리석은 자식과 같다 해도 과언이 아니다. 한국에는 가톨릭과 개신교를 합쳐 1,500만여 명이나 되는 그리스도인들이 있지만, 그 모태가 되는 유대교에 대해서는 의외로 무지한 형편이다. 조상을 앎으로써 나를 더 잘 알게 되듯이 그리스도인으로서 유대교를 공부하는 것은 도리어 그리스도교를 더 잘 알게 되는 필수적 과정인데도 말이다. 그렇다면 유대교란 무엇인가?

종교들 이름은 대부분 외부인이 붙여놓았는데 유대교 역시 마찬가지이다. 유대인들의 경전인 히브리 성서에는 '유대교Judaism'에 해당되는 용어가 없다. 유대교란 '유대인의 종교'를 지칭하는 현대적인 개념일 뿐이다. 이때 유대인이란 모태서부터 유대인인 사람 내지는 유대교로 전향함으로써 모태서부터 유대인인 사람들의 전통에 합류한 사람을 일컫는다는 것이 일반적인 규정이다. 하지만 현대의 개혁적 유대교 전통에서는 아버지만 유대인이어도 그 자식은 유대인이라는 폭넓은 규정을 하고 있다. 그렇지만 세부적으로 들어가면 어떤 사람을 유대인이라고 할 수 있는지 없는지 따지는 것은 단순한 일이 아니다. 오늘날 구미에 흩어져 사는 상당수 유대인들은 특별히 유대교적 계율과 상관없이 살면서도 그저 자신들이 혈연적으로 또 민족적으로 유대인이라고 생각한다는 사실만으로도 충분히 유대인으로 분류되고 있을 만큼 규정이 모호하기 때문이다. 실상 유대교는 선교 종교라기보다는 특정 혈연 내지는 민족 종교에 가까운, 1,300-1,400만 명 정도의 소수 종교에 지나지 않는다. 하지만 그리스도교와 이슬람을 통해 확산된 그 역사적 영향력은 이루 헤아릴 수 없을 만큼 엄청나다. 이러한 사실을 염두에 두고 살펴보자.

## 유일신 사상의 출현

인류가 보편적으로 가져왔던 신관은 으레 다신교였다. 한마디로 세상에는 신들이 많다는 것이다. 시시때때로 태양신을 섬기거나, 전쟁의 신에게 승리를 기원했으며, 대지의 신에게 풍성한 수확을 기대했다. 조상신께 빌거나 산신제, 용왕제 등을 지내기도 했다. 다양한 자연의 현상 내지는 힘을 신적 차원으로 간주하는 자연신적 경향이 지배적이었다. 그런데 인류 역사상 이러한 틀에서 벗어난 새로운 움직임이 등장했으니, 유대인들로부터 비롯된 이른바 유일신 사상이었다.

이에 따르면, 다양한 자연 현상 혹은 위력 자체는 신이 아니라, 신의 신비가 드러나는 '성현聖現'의 장소일 뿐이었다. 천둥과 번개, 연기, 지진, 불과 같은 것은 신의 흔적을 드러내는 매개체였다(출애굽기 19 : 16-19 참조). 더욱이 신은 여럿이 아니라, 한 분이시라는 주장은 인류의 정신사에 있어서 더 이상 능가할 것이 없을 정도의 파격적인 것이었다. 유대인들은 자신들이 믿는 신이 자기 민족 안에 계신 것은 당연하지만, 실상은 다른 민족이나 집단에도 관여하고 계신다고 믿었고, 더 나아가 인류의 모든 역사가 그분의 활동 무대가 된다고 보았다. 고대 유대인들은 어느 정도 자민족 중심적이면서도 모든 곳에 계시는, 그런 의미의 보편적 유일신관의 기초를 다졌다. 그러면서 그 신을 '야웨'라고 불렀다.

인간을 포함한 삼라만상은 야웨의 피조물이었다. 모든 것이 그분의 섭리 하에 있을 수밖에 없었다. 역사적 사건들이 설명할 수 없이 다양하고 또 세상에 원치 않는 고난이 있다는 것은 도리어 그분이 세상사에 일일이 관여하신다는 증거였다. 역사는 신과 만나는 장소이고 신의 활동 무대였다. 가르침, 지혜, 명상 등을 강조하는 동양의 종교들에 비해 유대교에서 비롯된 그리스도교, 이슬람 등이 역사적 투신과 참여 등을 강조하게 된 이유도 이러한 신관에서 비롯되는 일이었다. 그리고 17-18세기 들어 서양에서 역사주의가 발흥하게 된 것도 따지고 보면 어느 정도는 유대교의 신관에 기원을 두는 일이라고 할 수 있다.

## 이집트 탈출과 건국, 분열

역사적인 차원에서 유대교의 기원을 밝히기는 힘들다. 다만 유대인들은 히브리인으로 불리던 자기 조상들이 이집트에서 노예 생활을 하다가 위대한 지도자 모세의 영도를 받아 탈출(기원전 1307-1237년경)한 뒤 신으로부터 계명을 받은 사건을 유대교의 시작으로 삼고 있다는 사실만이 중요하다. 히브리 성서(그리스도교의 구약 성서)에 의하면, 유대인들은 이집트 탈출 이후 가나안(오늘날의 팔레스타인)으로 이주해 원주민들과 갈등하기도 하고 융화하기도 하면서 200여 년의 과도기를 보내다가 비로소 왕정 국가를 이루기 시작했다.

이 가운데 두 번째 왕 다윗(기원전 1012-973 재위)의 치세가 가장 강성기였다면, 아들 솔로몬(기원전 972-932 재위) 때는 예루살렘에 상당한 규모의 성전을 건립해 고대 유대교의 제도화가 시작된 시기였다고 할 수 있다. 하지만 왕의 각종 실책으로 국론 분열이 일어났고, 급기야 솔로몬 사후 나라는 북쪽 이스라엘과 남쪽 유다로 양분되었다(931년). 이스라엘은 200여 년간 지속되다가 앗시리아에게 패망한 뒤 이리저리 흩어져 없어지고 말았다(722년). 이에 바짝 긴장한 유다는 체제를 정비하며 나라를 유지하다가 요시아 왕 시절(기원전 640-607 재위)에는 국론의 통일을 위해 백성들 사이에 나돌던 야웨 이외의 모든 종교 의식을 철폐하고 솔로몬 성전을 유일한 합법적 제사 장소로 규정하면서 예루살렘으로의 종교 집중화를 도모했다. 사제 중심의 유대교가 시작된 셈이라고 일단 규정할 수 있겠다. 그렇지만 얼마 지나지 않은 기원전 586년, 유다는 당시의 강대국 바빌로니아(오늘날의 이라크)에게 패망한 뒤 성전은 파괴되고 십만여 명의 유대인들은 바빌로니아로 유배를 떠나게 되었다.

### 회당의 탄생

기원전 6세기 바빌로니아에서 유배 생활을 하던 유대인들은 조국의 성전에서 제사를 드릴 수 없게 되자 안식일에 각 가정에 모여 양피지에 기록된 '거룩한 문서'들을 돌아가며 낭송하고 해석하는 것으로 종교적 봉헌을 대신하고자 했다. 이러한 모임이 나중에 '회당synagogue'으로 발전하게 되었다. 유대인에게 회당은 신의 말씀을 낭송하고 해석하는 종교적인 장소이자, 신학, 윤리, 법률 등에 관한 교육과 연구의 장이며, 지역민들의 공동 관심사를 논의하는 회관이기도 했다. 또 각종 증언과 서약, 판결이 벌어지는 법정이자, 나그네에게는 숙박 시설로 사용되기도 했다. 제사를 드리는 성전은 아니었지만, 회당은 고국의 멸망 이후 성전 없이 살던 유대인들에게 성전 이상의 역할을 담당해왔다. 그 뒤에도 나라를 회복하지 못한 채 유랑 생활을 하던 유대인들에게는 전승되던 가르침을 계승, 보편화시키고, 근세에 이르기까지도 유대 공동체의 정체성을 지켜주는 역할을 톡톡히 담당해온 것이다.

### 랍비의 출현

유대인들의 바빌로니아 포로 생활은 길지 않았다. 또 다른 강국 페르시아(오늘날의 이란)가 기원전 538년 바빌로니아를 무너뜨린 뒤 유배지의 유대인들을 고향으로 돌려보내 주었기 때문이다. 페르시아로서는 팔레스타인 지역에 완충 지대를 두어 아프리카의 강국 이집트와의 충돌을 막기 위한 정치적인 결정이었지만, 유대인들은 귀향할 수 있게 되었다는 사실만으로도 페르시아에 대해 우호적인 감정을 갖기도 했다. 그 뒤 유대인들은 파괴된 성전을 다시 세우고, 기원전 444년 사제이자 율법학자인 에즈라를 중심으로 종교 개혁을 단행했다. 동족들로 하여금 모세 이래 전해져오는 율법에 충실할 것을 맹세시키면서, 사제들에게 특권을 인정하는 새로운 신정 국가를 출범시킨 것이다. 오늘날 '유대교'라고 불리는 종교 현상의 기초적인 형태가 이때 세워진 셈이다.

그 이후 사제, 율법학자, 그리고 제사 관련 일에 종사하던 이들에게 사회적인 권위가 부여되었다. 특히 율법 내지 경전을 필사하고 해석하는 일을 하던 율법학자들 가운데 설교를 잘하는 이를 사람들은 '랍비(교사)'라고 부르게 되었다. 랍비들의 권위는 제도적으로 보장된 것이었다기보다는, 사람들로부터 자율적으로 부여된 권위였다. 랍비들은 곳곳에서 종교적 문헌들을 해석하고 가르치면서 종교의 지방 분산화에 일정 역할을 담당했다. 이들을 중심으로 지역 회당도 활성화되었던 것이다. 동시에 랍비들은 민의를 효과적으로 통합시켜줄 종교 문헌들을 사제들과 함께 부지런히 보급하기 시작했다. 그 결과 구두 전승되던 예언의 시대는 끝나고, 문자화된 경전의 시대가 도래하기 시작한 것이다. 히브리 경전의 7할 정도가 이 시기, 그러니까 기원전 4-5세기경에 완성되었다.

## 예언자들의 등장과 조로아스터교

이스라엘이 멸망하고 유다마저 바빌로니아 포로기로 접어들 무렵 부패해가는 권력과 사회에 대한 비판가들이 등장했다. 아모스, 호세아, 이사야, 예레미야, 에제키엘 등, 이른바 예언자들이다.[1] 정의롭지 못한 삶은 결국 나라 전체의 멸망을 초래할 것이라는 경고를 하면서 이들은 사회와 신앙의 개혁을 요구했다. 후에 일정 부분 이들 예언자 전통을 계승한 그리스도교는 명상, 가르침 중심의 동양 종교들에 비해 사회 참여적 성향이 강한 면모를 보여주었다.

하지만 종교적인 차원에서 보면 이즈음 일반 유대인들은 자신들을 고향으로 돌아가게 해준 페르시아의 종교, 즉 조로아스터교로부

1 이때의 예언자는 앞날을 '미리 말하는 자pre-phetes'로서의 예언자豫言者보다는, '위하여 말하는 자pro-phetes' 혹은 '신의 말씀을 맡은 자'로서의 예언자預言者의 의미에 가깝다.

터 알게 모르게 큰 영향을 받았다. 이들은 조로아스터교의 창조주 '아후라 마즈다(지혜의 주님)'로부터 유일신 개념을 구체화시킬 수 있었고, 그 신으로부터 나왔다는 악령 '앙그라 마이뉴'로부터는 '사탄Satan' 개념을 물려받았다. 앙그라 마이뉴의 다른 이름이었던 '사탄'이 유일신 신앙만으로는 해석하기 곤란했던 세상의 고통과 악을 설명하는 효과적 수단이 되었던 것이다. 천사, 육체의 부활, 최후의 심판, 낙원과 지옥 등 오늘날 일반 그리스도인에게까지 대중적으로 받아들여지고 있는 종교적 관념들의 상당수도 부지불식간에 유대인들이 조로아스터교로부터 배워온 것들로 보인다.

## 그리스의 영향과 다양한 학파들

기원전 322년 그리스의 알렉산더 대왕은 페르시아를 몰아내고 지중해 연안 전반을 장악했다. 그는 이집트 공격의 전초 기지로 삼고자 팔레스타인 지역을 정복한 뒤, 유화적 태도로 그리스 문화를 전파시켰다. 그 결과 그리스 언어, 그리스 철학, 예술 등이 유행하게 되었다. 하지만 기원전 168년 이후 상황이 바뀌었다. 안티오크 4세 때 예루살렘 성전을 그리스의 제우스 신전으로 바꾸고 돼지를 제물로 바치는 등 유대인들로서는 참을 수 없는 정책이 시행되자, 유다 마카비우스 일가가 주도하는 그리스 대항 전쟁이 벌어졌다. 치열한 전투 끝에 이들은 예루살렘 성전을 회복했고, 100여 년에 걸쳐 어느 정도의 자립 기간을 가질 수 있었다.

이러한 저간의 사건들에 대한 반응으로 유대교 안에는 다양한 학파 혹은 종파들이 생겨났다. 최상위 지도층을 중심으로 하는 보수적 사두가이파, 중간 지도자급에 해당하면서 율법 해석에 있어서는 비교적 신축적이었던 바리사이파가 대표적이었다.

그 뒤 이들 종파가 내분에 휩싸이게 되었는데, 이를 수습한다는 구실로 당시의 신흥 강국 로마가 기원전 63년 팔레스타인 지역의 내정에 간섭한 뒤 지배 체제를 굳히기 시작했다. 그러자 아예 문명사회로부터 도피해 엄격한 금욕 생활을 추구하는 엣세네파도 생겨났고, 급진적 반로마파인 젤롯당도 생겨났다. 예수가 탄생하고 활동한 시기도 이즈음이다.

기원후 66년경에는 젤롯당을 중심으로 대규모 반로마 전쟁이 벌어졌다. 하지만 로마 장군 티투스 군대에 진압당하면서 70년 예루살렘 성전은 일부 벽만 남고 다 파괴되었다. 이 벽이 오늘날까지 유대인 최고의 순례지인 이른바 '통곡의 벽'이다. 성전 파괴 후 바리사이파 일부 및 예수를 새로운 구원자, 즉 메시아(즉 그리스도)로 믿고 따르던 사람들만 남고 유대인들은 나라를 잃은 채 세계 곳곳으로 흩어지게 되었다.

### 미쉬나와 탈무드

서기 69년 로마 장군 티투스가 예루살렘을 포위하자 랍비 요하난 벤 자카이는 민족의 정치적 독립보다는 유대교의 정신적 보존이

**통곡의 벽**
기원전 70년 로마 장군 티투스 군대에 의해 예루살렘 성은 일부만 남고 거의 파괴되었다. 전세계로 뿔뿔이 흩어진 유대인들은 4세기경부터 예루살렘 성의 잔재를 돌아보며 나라와 성전을 잃은 슬픔에 눈물 흘리다가 1948년 이스라엘이라는 이름으로 건국하고 1968년 6월 전쟁으로 이 남은 벽을 요르단으로부터 되찾은 뒤에는 본격적으로 이 벽을 순례하기 시작했다. '통곡의 벽'이라 이름 붙여진 높이 18미터, 길이 60미터의 담 앞에서 유대인 순례객들은 나라를 잃고 떠돌았던 과거의 역사를 회상하며 눈물의 기도를 올린다.

급선무라 믿고 해안 평야 야브네로 피신한 뒤 제자단을 이끌면서 교리와 율법의 체계화 작업을 시도했다. 에즈라의 종교 개혁 이후 성립되었고 나중에 추가된 경전들을 모아 '토라(모세오경)', '느비임(예언서)', '케투빔(성문서)'으로 분류하는 등 경전 편찬 작업을 벌였다. 그 결과 히브리성서(그리스도교에서는 이것을 구약 성서라고 부른다)의 범위도 확정될 수 있었다(서기 90년 얌니아회의). 더 나아가 이 제자단, 이른바 야브네 학파는 기존의 구전 율법과 주석서들을 한데 모아 '미쉬나'도 편찬했다. '반복해서 배우는 구전 전통'이라는 의미의

미쉬나는 모두 4,000여 개 항목으로 구성된 랍비들의 율법 조항 집대성문이다.

이러한 문헌들이 확립된 이후 랍비들은 경전을 읽고 묵상했으며 미쉬나의 가르침을 실생활에 적용하고자 했다. 이 가운데 바빌로니아에 살던 랍비들은 미쉬나에 담긴 가르침들을 달라진 환경에 맞도록 재해석하는 한편 미쉬나에 기록되지 않은 자신들의 역사, 종교, 도덕에 관한 가르침들을 다시 집대성했다. 6세기 초에 걸쳐 완성된 이 문헌이 '탈무드'이다. 유대교 신앙과 실천 분야에서 백과사전적 권위를 지니는 탈무드는 길고 긴 중세의 박해 때 유대인들에게 정신적 양식이 되었고, 민족적 일치를 위한 문헌적 기초로 작용했다. 탈무드가 없었다면 아마 오늘날의 이스라엘도 없었을 것이다.

### 유대인의 수난과 박해

유대교로부터 출발했지만 그리스 문화권으로 전파되면서 유대교적 분위기가 탈색된 그리스도교는 392년 로마 제국의 국교가 된 이래 유대교에 대한 반감을 드러내기 시작했다. 유대인이 예수를 죽였다는 선입견이 민중 사이에 스며들어가면서 유대인 박해를 본격화했다. 1215년 라테란 공의회에서 노골적인 반유대주의를 천명한 이후 그리스도교 문화권에 살던 유대인들은 예수를 죽인 자들의 후예라는 뜻으로 가슴에 유색 천을 달거나 별도의 모자를 써야 했고, 십자군 전쟁(1095-1190) 와중에는 십자군에게 학살을 당하기도 했다.

14세기 중반 유럽에 퍼졌던 흑사병의 원인이 유대인에게 있었다는 악소문으로 테러가 가해지는 등 유대인에 대한 박해가 계속되자 이들은 자의반 타의반 다른 이들과 떨어져 일정 지역에 모여 살 수밖에 없었다. 이 집단 유대인촌을 '게토'라 한다.

## 유대교 신비주의

그 와중에도 모세 마이모니데스(1135-1204)같이 유대인에게는 물론 이슬람권에서도 존경받던 출중한 학자도 등장했고, 카발라(13세기)나 하시디즘(17세기) 같은 신비주의 내지는 경건주의 운동도 발생했다. 이 운동들에서는 신이 피조물의 세계 안으로 스스로를 감추었다고 믿고서 인간 안에서 벌어지는 신적인 체험을 중시했다. 율법의 학습보다는 심금을 울리는 이야기를 좋아했고, 깊이 있는 기도를 강조했다. 하시디즘에 영향받은 근대의 대표적인 사상가들이 마틴 부버, 아브라함 헤셸 같은 이들이다.

## 유대인 해방과 건국

1789년 프랑스 혁명 이후 18세기 유럽인들 사이에는 계몽주의가 발흥했다. 이로 인해 인간 해방적 분위기가 고조되었다. 그러자 유대인들도 점차 게토에서 해방되어 유럽 그리스도인들 사이에 섞여 살기 시작했다. 모세 멘델스존(1729-1786) 같은 이는 "서구인이 되라" 라는 모토를 내걸며 진리를 서구적 합리성 차원에서 파악하는 노력을 기울였다.

무엇보다 인간 해방적 분위기는 유대인들로 하여금 민족 회복의 가능성을 보여주었고 고취시켰다. 이즈음 프랑스의 유대인 장교였던 알프레드 드레퓌스가 1849년 스파이로 모함을 받아 유배를 가게 되면서 프랑스인들 사이에서는 반유대주의가, 유대인들 사이에서는 옛 조상들이 살던 땅으로 돌아가 자신들만의 나라를 회복해야 하지 않겠느냐는 분위기가 형성되기 시작했다. 유대인들의 이 고향 귀환 운동이 이른바 '시오니즘'[2]이다. 이러한 분위기 속에서 스위스의 신문기자인 테오도르 헤르츨이 『유대 국가The Jewish State』(1896)라는 책을 쓴 이듬해 스위스에서는 앞으로 50년 안에 이스라엘을 창건하자는 취지의 시오니즘 대회가 열렸다. 20세기 들어서는 단지 유대인이라는 이유로 나치에 의한 대량 학살(홀로코스트)까지 겪는 전무후무한 고통을 맛본 뒤, 팔레스타인의 분할을 결의한 1947년 유엔총회에 힘입어 1948년 이들은 결국 '이스라엘'이라는 이름으로 2,000여 년 만에 나라를 이룰 수 있게 되었다.

그러나 이스라엘의 건국은, 뒤에 이슬람을 다루면서 보게 되겠지만, 팔레스타인과의 영토 분쟁을 일으키며 세계적 혼란의 한복판에 서는 사건이 되고 말았다.

2 시온은 예루살렘 도성이 있던 옛 언덕의 이름이지만, 정확한 위치를 역사적으로 확인하기는 힘들다. 유대인은 오랫동안 시온을 자신들의 종교적이고 정신적인 고향과 같은 뉘앙스로 사용해왔다.

# 3

## 세계 정신사의 큰 축 그리스도교

### '그리스도교'라는 말

유대교는 그 엄청난 역사적 영향력에도 불구하고 형태상으로는 여전히 유대 민족 종교로 머물러 있다. 하지만 그 정신, 특히 유일신 신앙은 그리스도교와 이슬람이라는 두 종교 전통을 통해 만개했다. 유대 민족적 색채를 벗고 세계적으로 뻗어나간 대표적인 종교 전통이 그리스도교와 이슬람인 것이다.

이 가운데 그리스도교적 정신에 영향받아 사는 이들은 2000년을 기준으로 20억 명 정도 되는 것으로 알려져 있다. 그리스도교란 무엇인가? 주지하다시피 그리스도교는 유대인 예수라는 사람을 그리스도로 믿는 종교이다. 예수가 그리스도라는 믿음을 근간으로 하는 일련의 운동이 그리스도교이다. '그리스도'를 중국어 발음으로 '基利斯督'이라 적었고, 그것이 '基督'이라는 한자어의 어원이 되었다. 그러니 그리스도교나 기독교나 같은 말이다. 우리나라에서는 개신교(프로테스탄트)만을 기독교라 하면서, 천주교 또는 가톨릭을 별도로 호칭하는 경우가 많으나 사실은 잘못된 일이다. 가톨릭이나 개신교, 더 나아가 정교회나 성공회 모두 예수를 그리스도로 믿는 믿음을 기본으로 한다는 점에서 모두 그리스도교 또는 기독교이다. 잘못된 언어 구사부터 바로잡을 일이다.

## 유대교적 배경

유대인 예수에게서 비롯된 그리스도교를 이해하기 위해서는 유대교적 배경에 대한 이해가 필요하다. 그리스도교가 신에 대한 이해를 유대교와 거의 공유하고 있다는 점에서도 그렇지만, 무엇보다 예수를 그리스도로 받들게 된 기초에는 유대인의 메시아관이 전제되어 있기 때문이다.

이미 유대교 부분에서 보았지만, 유대인은 기원전 10세기를 전후로 해서 왕정 국가를 이루게 되었다. 그런데 이들에게는 왕을 세우면서 머리에 기름을 붓는 관례가 있었다. 유대인에게 왕은 '(머리에) 기름이 부어진 자'이다. '기름 부어진 자'를 히브리어로 하면 '메시아Messiah'이니, 왕은 메시아인 것이다.

그런데 이 고대 유대 국가가 기원전 931년 남북으로 양분된 이후 북쪽에 있던 이스라엘은 기원전 722년 앗시리아 제국에 의해 완전히 멸망했고, 남쪽에 자리잡았던 유다는 기원전 586년에 바빌로니아 제국의 식민 지배를 받으면서 10만여 명 이상의 유대인들이 바빌로니아 제국의 포로로 끌려가게 되었다.

한국도 20세기 들어 일본에 의한 피식민지 경험이 있지만, 다른 나라에 의해 식민 지배를 받던 이들이 한결같이 바라던 소망은 무엇이던가? 그것은 아마도 민족의 독립일 것이다. 바빌로니아에서 포로 생활을 하던 유대인들은 자신들을 식민 지배에서 구원해줄 새로운 왕의 출현을 기대했다. 그런데 왕은 '기름 부어진 자', 즉 '메시아'이니, 바빌로니아에서 포로 생활을 하던 유대인들에게 이른바 '메시아 대망 사상'이 싹트기 시작한 것이다.

하지만 유대인들은 바빌로니아를 무너뜨린 페르시아의 지배를 계속 받게 되고, 그 뒤에는 그리스 문화의 영향을 받으며 역사를 유지해오다가, 기원 전후한 시기에는 로마의 혹독한 지배에 시달렸다. 이즈음 로마의 식민 지배에서 자신을 해방시켜줄 새로운 왕, 즉 메시아에 대한 기다림이 고조되던 어느 날 한 아이가 태어났는데, 그가 바로 예수이다.

결론적인 이야기이지만, 그리스도교는 바로 이 예수가 자신들이 기대하던 메시아일 것이라고 생각한 이들에 의해 시작되었다. 메시아를 당시 공용어인 그리스어로 번역하면 '그리스도(크리스토스)'이니, 예수를 그리스도로 믿는 이들이 '그리스도인'인 것이다.

## 예수의 출생과 성장[1]

불교와 같은 종교는 석가모니 부처님의 '가르침'을 중시한다. 가르침에 초점을 두고 있는 까닭에 원칙적으로 석가모니 부처님에 대한 기대가 약해져도 불교 자체에까지 위협이 되지는 않는다. 그런데 그리스도교는 예수의 가르침에 기원을 두기도 하지만 동시에 예수라는 사람에 대한 관심이 그 못지않게 크다. 그러기에 예수 없이는 그리스도교를 말할 수 없는 것이다. 예수가 누구인지 알아볼 필요가 있다는 말이다.

예수는 기원전 4년 4월 이전 어느 날[2] 팔레스타인 갈릴래아 지역 나자렛이라는 동네에서 태어났다. 성서에는 예수의 출생지가 예루살렘 근처 베들레헴이라고 기록되어 있지만, 오늘날 역사비평적 성서학자들 중에는 예수를 나자렛 출신으로 보는 이들이 많다. 그가 어린 시절을 어떻게 보냈는지는 잘 알 수 없다. 예수에 관한 유일한 기록서인 성서가 그에 대해 전혀 증언하는 바가 없기 때문이다. 다만 아버지 요셉이 목수였으니—아마도 아버지 요셉은 예수가 어렸을 때 죽은 것 같다—예수도 아버지의 직업을 이어받아 목수

1 이후 등장하는 고유명사 및 성서 구절은 1972년 가톨릭과 개신교가 함께 번역해 출판한 공동번역성서의 표현을 따랐다.

2 예수가 정확히 언제 태어났는지는 알 수 없다. 대부분의 교회에서 예수 탄생일로 기념하고 있는 12월 25일은 400년경 로마 제국의 그리스도인들이 우리의 동지에 해당하는 로마의 태양신 축제일에 세상의 빛으로 오신 예수를 기리던 데서 비롯되었다고 한다. 참고로 동방 정교회에서는 1월 6일을 성탄절로 지낸다.

노릇을 하며 살지 않았겠나 추측할 수 있을 뿐이다. 또 이후에 등장하는 예수의 설교에서 농사에 관한 비유가 많은 것으로 보아 농사에 대해서도 잘 아는 사람이었으리라는 추측도 가능하다. 그런 예수가 서기 27년경 나이 서른 즈음에 사람들 앞에 본격적으로 나타난다.

## 요한의 등장과 하느님 나라

예수가 활동을 시작하던 즈음 요한이 등장해 사람들에게 하느님의 심판이 있으니 회개해야 한다고 외쳤다. 자신에게 나아오는 사람들에게는 세례를 베풀었다.[3] 그러면서 "모든 골짜기는 메워지고 높은 산과 작은 언덕은 낮혀져 굽은 길이 곧아지며 험한 길이 고르게 되는 날, 모든 사람이 하느님의 구원을 보리라"라는 예언자 이사야의 글(이사야 40 : 3-5)을 인용하며 설교했다(루가 3 : 5-6). 신의 구원은 사회의 구조적 모순이 극복되고 소외된 이들이 높아지는 곳에서 이루어지는 것이니, 사람들도 그렇게 살아야 한다는 요청이라고 할 수 있다. 예수도 바로 그 요한에게 나아와 세례를 받았다. 이는 요한의 가르침에 동의했다는 뜻이며, 일단 요한의 제자로서 자신의 활동을 시작한 셈이라고도 할 수 있다.

3 세례洗禮에 해당하는 그리스어가 '(물에) 담근다'는 의미의 '밥티스마'라는 점에서 '씻는 예식'으로서의 세례라는 말보다는 '물에 담근다'는 의미의 침례浸禮라고 해야 어원적으로는 옳다.

예수가 요한에게 세례받은 지 얼마 지나지 않아 요한은 헤로데 왕의 실정과 불륜을 비판한다는 이유로 체포된 뒤 사형에 처해졌다. 그 직후 예수는 당시 소외된 지역이었던 갈릴래아로 가서 이렇게 가르치기 시작했다. "회개하시오. 하느님 나라가 가까이 왔습니다"(마태 4 : 17). 이것이 예수 메시지의 핵심이었고 실천의 근간이었다. 이때 우리말 '하느님 나라'에 해당하는 그리스어 원문, 즉 '바실레에아 투 테우'를 직역하면 '신의 다스림'이 된다. 그 의미인즉, 이 세상의 진정한 주관자는 황제 혹은 대제사장 같은 정치적 혹은 종교적 권력자가 아니라, 하느님이시라는 것이다. 그 하느님은 인간의 생명을 살리시는 분이시니, 인간을 죽이고 생명을 소외시키는 현 상황을 역전시켜 생명을 살리는 쪽으로 전환해야 한다는 것이 예수의 정신이었다. 의도적으로 정치에 개입하려고 했던 것은 아니었지만, 예수의 확신에 찬 언행은 정치가들에게도 위협이 될 정도였다. 무엇보다 예수는 어떤 방식으로든 사람을 살리는 일에 투신했다. 생명을 위해서라면 당시로서는 금과옥조로 받아들여지던 율법에도 얽매이지 않았다. 율법의 문자가 아닌 정신을 실현하는 것이 하느님 나라에 어울리는 삶이라고 믿었다.

### 예수의 율법 해석

가령 지금도 유대인들은 안식일을 철저히 지키고 있지만, 당시에는 더했다. 금요일 해진 다음부터 토요일 해질 때까지는 사실상 아무 일도 할 수 없었다. 빵을 만들기 위해 밀가루 반죽하는 일은 물론, 800미터 이상 걷는 일도 노동으로 취급되어 할 수 없었다. 글자 몇 개 옮겨 적는 일도 금지되었다. 안식일은 하느님께서 세상을 창조하시고 쉬셨다는 이유 하나만으로 인간도 철저하게 쉬는 날이었다. 자기 직업에 해당하는 일을 하는 것은 불가능했다.

그러나 아무리 안식일이라도 아픈 사람은 치유되어야 하고 배고픈 사람은 먹을 수 있어야 한다는 것이 예수 정신이었다. 아픈 사람, 배고픈 사람에게는 그것이 진정한 안식이 아니겠느냐는 취지에서였다. 그의 정신은 "사람이 안식일을 위해 있는 것이 아니라 안식일이 사람을 위해 있는 것"(마르코 2 : 27)이라는 말 속에 잘 표현되어 있다. 이런 식으로 예수는 하느님이 주셨다는 거룩한 율법을 적어도 문자적인 차원에서는 거역했다. "하느님이 거룩하신 것처럼 거룩해야 한다"(레위기 19 : 2)는 율법적 정신을 "너희 아버지께서 자비하신 것처럼 너희도 자비로워야 한다"(루가 6 : 36)는 정신으로 바꾸어 표현하면서 실친하고자 했다. '거룩'하지 못해 소외되고 고통당하는 사람을 도리어 '자비'의 정신으로 포용하고 고통에서 해방시키는 행위가 조상 대대로 읽어오던 율법서 및 예언서의 모든 것이라고 그는 해석했다. 예수는 요한이 그랬듯이 예언자 이사야의 글을 인용하면서(루가 4 : 18-19) 억압받는 자의 해방, 회복, 자유, 정의가 신의 은총 속에서 이루어지는 세상이 바로 하느님 나라이니, 기존 삶의 자세를 바꾸어 이러한 새로운 신적 구원의 삶에 참여해야 한다고 선포했다. 신에 대한 믿음과 사랑에 근거해 인간 사랑을 실천하는 것이 예수의 주 관심사였다.

## 예수의 죽음

예수의 인간 사랑은 늘 사회적 약자, 피억압자 편을 드는 것으로 나타났다. 특히 성서에는 예수가 치유 기적을 많이 행한 것으로 나오는데, 이것 역시 병자와 죄인이 동일시되던 당시 상황에서 보자면 죄인 편을 더 드는 행위였다. 당시에 율법을 거룩하게 여기던 종교인의 눈으로 보자면 반율법적 행위라고 할 수 있다. 자연스럽게 당시의 종교적 주도 세력인 제사장들은 율법의 문자에 얽매이지 않던 예수를 좋아할 리 없었다. 더욱이 예수를 따르던 소외층들이 로마 제국에 대한 반역이라도 일으킬세라 전전긍긍하기도 했다.

그러던 차에 예수에게 결정적인 일이 벌어졌다. 이집트 탈출을 기념하는 유대인 최대의 명절인 유월절에 예수는 예루살렘에 갔다. 그때 관례에 따라 제물을 사고파는 이들과 로마 돈을 이스라엘 돈으로 바꿔주는 환전상들이 즐비했던 당시 성전의 질서를 예수는 못마땅해했다. 예수는 성전 안에서 물건 파는 이들을 쫓아내고 환전상의 탁자를 뒤집어엎었다. 기존 관례에 정면으로 도전했던 것이다. 더욱이 이때는 이집트 노예 생활로부터의 해방을 기념하는 절기로서, 로마의 억압에 불만을 느끼던 유대인들에게는 정치적 상황도 극히 민감한 때였다. 이러한 상황에 로마의 정치적 권력자와의 어느 정도의 타협 속에서 성립되어 있는 성전 질서에 정면 도전한 것은 큰 파장을 불러일으켰다. 그것은 당시 제사장들의 비위를 뒤집어놓았고, 단순한 유대교 성전 질서에 대한 도전을 넘어 로마에 대한 도전으로 비춰졌으며, 예수는 그 후 자신의 죽음을 직감하게 되었다. 예수는 제사장들에게 하느님의 거룩하신 법을 거스르는 신성 모독자로 체포되었고, 더 나아가 로마 황제에 대한 도전으로 간주되어 로마법에 따라 골고타 언덕에서 십자가 사형에 처해졌다. 서기 30년 4월 7일경이었다.

## 그리스도로 받들어지다

예수는 죽었다. 그러나 가까운 제자들에게 예수는 죽었으면서도 죽음으로 끝나지 않고 함께 계시며 삶의 용기를 주는 분으로 경험되고 기억되었다. 하느님의 생명을 선포하고 구체화시키기 위해 목숨 바친 예수를 하느님이 그대로 두지 않고 다시 일으키셨다고 믿었다. 이러한 믿음 속에서 제자들은 십자가에서 죽은 예수를 "하느님께서 일으키셨다God raised him up"(사도행전 10 : 40 참조)고 선포했다. 이른바 예수 부활에 관한 최초의 보도이다. 그런 점에서 부활의 주체는 예수라기보다는 하느님이다. 생명의 하느님이 생명을 위해 목숨 바친 예수를 다시 일으켜주셨다는 것이다.

이러한 제자들의 확신 이후 예수 죽음의 의미 및 예수의 정체성에 대한 평가가 새롭게 이루어지기 시작했다. 예수를 하느님께서 일으켜주셨다면 예수의 죽음도 하느님의 섭리 속에서 이루어진 일이라는 해석을 하게 되었다. 그 결과 초기 제자단에서는 예수의 죽음을 예수 자신의 죄 때문이 아니라 바로 사람들의 죄 용서를 위해 대신 죽은 의인의 죽음이라고 선포하게 되었다. 예수 사후 20년도 못 되어서 제자단은 예수의 죽음이 이미 하느님의 뜻과 계획 안에서 이루어진 '대속적인' 죽음이었다고 믿게 되었다(고린도전서 15 : 3-4, 로마서 1 : 2-4 등 참조).[4] 물론 역사적 예수가 정말로 자신의 죽음의 의미를 그렇게 새기고 일부러 죽음의 길로 갔는지는 확인하기 힘들다. 대부분의 종교사에서 그렇듯이 여기서도 예수의 죽음과 부활에 대한 초기 제자단의 해석이 깃들어 있는 것이다.

대다수의 유대인들에게는 메시아에 대한 기대가 어느 정도 있었다. 이러한 상황 속에서 예수의 제자단에서는 하느님이 자신의 영원한 섭리 속에서 일으켜준 예수, 그분이 바로 메시아라고 믿게 되었다. 기존의 메시아가 다분히 정치적인 차원에서 이스라엘을 회복시켜줄 현실적 구원자였다면, 예수의 제자단에서는 그 의미를 우주

4 사실 누군가 다른 이의 죄를 대신해서 죽을 수 있다는 관념은 유대인의 속죄양 혹은 속죄염소 개념에서 유래된다. 유대인들은 유대력 티슈리월(음력 9, 10월경)의 '욤 키푸르Yom Kippur'라는 절기(속죄일)에 속죄 제사를 드렸다. 제사장은 백성들의 죄를 위해 숫염소 두 마리를 속죄 제물로 바쳤고 숫양 한 마리를 번제 제물로 바쳤다. 제물 가운데 염소 한 마리를 잡아 그 피를 지성소 안에 있는 속죄소라는 곳에 뿌리고 다른 한 마리는 제사장이 머리에 손을 얹고 백성들의 죄를 고한 후 광야에 풀어주는 의식을 행했다. 백성들의 죄를 대신 지고 간다는 의미에서 속죄염소(scapegoat, 우리말로는 속죄양이라고 표현하는 경향이 지배적이다)인 것이다. 로마 제국 시대에는 어떤 사람이 빚을 지거나 노예 내지는 볼모로 잡혀 있을 때 다른 이가 대신해서 대가 내지는 몸값을 치르면 그 본래 지위나 재산이 회복되는 관례가 있었는데, 이러한 속량 혹은 대속 개념이 예수의 죽음을 인류의 대속 죽음으로 해석하게 해준 선이해로 작용하게 된 것이다. 로마 문화의 영향을 받으며 살던 예수의 제자단들이 유대인들이었으니 이러한 선이해가 예수 이해에 작용하게 된 것은 어찌 보면 자연스럽다고도 할 수 있다.

적 차원으로 영화靈化시켰다. 이것은 유대교적 맥락보다는 플라톤 철학이나 영지주의 같은 흐름에 익숙한, 그리스적 사유 방식에 더 어울리는 비교적 새로운 메시아관이었다. 그러면서 그 메시아를 당시의 공용어인 그리스어로 '그리스도(크리스토스)'라 번역해 표현했다. 정열적인 선교적 정신으로 무장해 있으면서 당시 그리스 철학에도 익숙했던 바울로는 유대교 민족주의를 벗어나 세계에 통할 수 있는 보편적 그리스도관을 확립하는 데 핵심적인 역할을 담당했다. 바울로가 없었다면 아마 오늘날의 그리스도교도 없었을 것이다.

## 교회와 신약 성서의 탄생

예수의 제자들은 예수의 가르침과 함께 예수 자신을 선포하기 시작했다. 예수는 부활했으며, 그분이 그리스도라는 것이었다. 하지만 죄인으로 죽은 예수가 메시아라는 것은 일반 유대인이 가지고 있던 메시아관으로는 납득할 수 없는 개념이었을 뿐만 아니라, 죄인으로 죽은 예수를 전하는 행위 역시 범죄가 아닐 수 없었다. 응당 유대 지도부는 예수의 제자들도 박해하기 시작했다. 제자단은 그 박해를 피해 이리저리 흩어졌다. 흩어진 곳에서 이들은 예수를 기렸다. 그 기리는 모임을 '교회'라고 한다.

흔히 교회를 그리스도교의 예배용 시설이나 건물을 가리키는 용어로 사용하는 경향이 있지만, 교회라는 말의 그리스어 어원인 '에클레시아'는 '불러냄을 받은 사람들'이라는 의미이다. 고대 그리스 도시 국가의 시민 모임을 에클레시아라 했는데, 그것이 예수 제자단 안에서는 예수로 인해 달라진 사람들의 모임 차원에서 사용되기 시작했다. 모임이 교회이지, 건물이 교회가 아니다. 박해를 피해 이리저리 숨어다닌 이들로서 건물을 세운다는 것은 불가능한 일이었다. 그저 모임이 있었을 뿐이었다.

이미 서기 50년경에는 그리스 지역에, 60년경에는 북아프리카와 로마 지역에까지 제자단 모임, 즉 교회가 생겨나기 시작했으며, 그 전파 속도도 굉장히 빨랐다. 제한된 초기 교회 지도부로서는 각 지역에 흩어져 발생하는 교회들에 직접 지도력을 행사하기가 어려워졌다. 더욱이 여러 지역에 퍼져 있던 각 교회들 안에서 신앙상의 의견 충돌도 종종 발생하자 교회 지도부로서는 그리스도를 중심으로 한 신앙적 일치를 도모할 필요성도 느끼게 되었다. 그래서 등장한 것이 각종 편지들이다. 간단한 인사와 축복 기도문, 편지를 받는 교회 신자들에 대한 부탁과 충고, 믿고 따라야 할 그리스도 신앙의 핵심 등을 담은 편지들이 씌어지고 발송되었다. 13편이나 되는 편지를 써보내면서 초기 교회를 지도했던 인물이 바울로이기도 하다.

편지들보다 조금 늦은 서기 60년경에는 예수의 행적에 관한 기록들이 씌어지기 시작했다. 박해를 피해 숨어다니던 초기 그리스도인들은 더욱이 우주적 차원으로 영화한 그리스도 예수가 곧 다시 올 것이라 믿었던 탓에 역사적 예수의 행적을 별도로 남겨야 할 필요성을 딱히 느끼지 못했다. 하지만 점차 시간이 흐르면서 예수의 직제자 내지는 목격자들이 나이 들어 한둘씩 세상을 뜨게 되자 예수의 가르침 및 그에 관한 기록들을 비로소 문자로 남기기 시작했다. 그것을 오늘날 그리스도교에서는 '복음서'라고 부른다. 씌어진 순서에 따라 대표적인 것들을 나열하면, 마르코 복음서(60년경), 마태오 복음서, 루가 복음서(70-80년경), 그리고 서기 100년경에 씌어진 요한 복음서이다. 이러한 문헌들은 이미 여러 교회로 발송되어 이리저리 읽히던 지도자들의 편지들과 함께 서기 397년 북아프리카 해안 지역의 칼타고 회의 때 진리의 기준인 경전canon으로 확정되기에 이른다. 모두 27권으로 된 이 경전을 신약 성서라고 한다. 신약(新約)이란 하느님이 새롭게 하신 구원의 약속이라는 뜻이다.

그리스도교적 흐름과 상관없이 유대교에서는 이미 서기 90년경에 랍비들의 모임인 얌니아(야브네) 회의에서 조상 대대로 읽어오던 문헌 39권을 '히브리 성서'로 확정한 바 있는데, 예수도 읽고 그 정신을 실현하고자 했던 이 성서를 그리스도교 교회에서는 같은 397년 회의 때 구약 성서라는 이름으로 받아들여 공식적으로 정경화한다. 이리하여 모두 66권짜리 신구약 성서가 공식 탄생되기에 이른 것이다.[5]

5 가톨릭용 구약 성서에는 39권 외에도 모두 7권의 제이경전이 포함되어 있다. 그리고 다음 장에서 보게 되겠지만, 개신 교회에서는 오직 성서만을 진리의 기준으로 간주하면서 교회의 전통을 함께 존중하는 가톨릭 교회를 비판하는 경향이 있다. 하지만 역사적으로 보면 성서가 없었던 적은 있으나 교회가 없었던 적은 없다는 점에서 이러한 비판의 자세는 어느 정도 몰역사적이다. 이른바 신구약 성서는 서기 397년에나 최종 확정된 것이었고, 설령 그 뒤라 해도 성서를 직접 읽고 소화할 수 있는 사람은 일부 사제들뿐이었다는 점에서 성서만을 계시의 원천으로 삼는 행위는 근대 이후에나 적용 가능한 제한적 기준일 뿐이다. 성서를 생성시키고 전달해준 주체가 교회였던 것이다.

## 교리의 확립과 교회의 분열

로마에 반역을 도모한 죄로 죽은 예수를 따르는 행위 역시 로마의 입장에서는 오랫동안 불법적인 행위였다. 그러다가 그리스도교의 영향을 받게 된 로마의 콘스탄티누스 황제가 313년 이른바 밀라노 칙령을 통해 그리스도인들에게 신앙의 자유를 허락하는 결정적인 일이 벌어졌다. 그 뒤 325년에는 그리스도교 신학자들을 동원하여 니케아에서 회의를 소집해 당시 다양하게 전개되던 그리스도교 교리를 통일시키도록 명령했다. 교회의 분열을 막고 로마의 사상적 통일을 도모하기 위한 정치적인 의도에서였다. 이 회의를 니케아 공의회라고 하는데, 여기서는 예수도 신의 피조물이라고 보았던 당시의 사제 아리우스의 주장을 단죄하고, 예수는 신과 '동일한 본질'을 지녔으니 신과 같은 분이라는 교리적 선언을 하게 된다. 이것은 1차 콘스탄티노플 공의회(381년)에서 확정된 성령신성 교리와 함께 이른바 '삼위일체'라는 그리스도교 교리의 사상적 기초가 된다.

그 뒤 392년 테오도시우스 황제 때 그리스도교는 급기야 로마 제국의 국교가 되기에 이르렀고, 그리스도교는 로마 제국의 후광 속에서 세계적 종교로 급성장하게 되었다.[6] 그리고 여러 교회들 중

6 이러한 종교의 제도화의 한편에서 대체로 청빈, 순결, 순종 등의 서약을 하는 가운데 기도, 명상을 중심으로 금욕적인 삶을 사는 수도원들도 생겨나기 시작했다. 500년대에 생겨난 베네딕도회, 1209년에 창설된 프란치스코회, 1216년에 생겨난 도미니코회 등이 대표적인 수도회들이다.

로마에 있던 교회가 가장 영향력 있는 교회로 자리잡게 된다. 451년 칼케돈 공의회에서는 이전 공의회들의 입장을 발전시켜 예수야말로 '참 신이자 참 인간'이라는, 즉 예수 안에는 신성과 인성이 모

**성 베드로 성당과 광장**

기원전 392년 테오도시우스 황제 때 로마의 국교가 된 뒤 그리스도교는 급속히 팽창했고, 로마는 세계 교회의 중심지가 되었다. 120여 년의 공사 기간 끝에 1626년 완공된 이 건축물은 전 세계에서 가장 작은 독립국 바티칸의 핵심이자 전부이기도 하다. 교황이 거주하며 미사를 집전한다. 좌우 폭이 240미터나 되는 일명 성 베드로 광장에는 약 30여만 명이 동시에 입장할 수 있다.

두 있다는 양성론 교리를 확정 공포한다. 그 이후 예수를 신처럼 받드는 분위기는 오늘날까지 일반 그리스도인의 핵심 신앙처럼 자리잡게 되었다.

395년 로마 제국이 동로마 제국과 서로마 제국으로 분열되고 476년 서로마 제국이 멸망한 이후 서부 유럽은 여러 봉건 국가들로 갈라졌다. 그러자 교회가 최고의 권력 기관으로 등장하게 되었고, 서방 교회의 최고 지도자인 교황은 유럽 전역의 실질적 최고 권력자가 되었다. 그러면서 한편에서는 콘스탄티노플(오늘날 터키 이스탄불)을 중심으로 하던 동방 교회와는 교리적인 이유로, 성화상을 공경해도 되느냐 안 되느냐의 문제로, 또 거리상의 이유로 점차 멀어지다가, 1054년에는 이들 서로가 서로를 파문하는 지경에까지 이르렀다.

이즈음 서방 교회는 이미 이슬람의 영토가 된 예루살렘 성지를 회복하기 위해 이른바 십자군을 조직해 이슬람과의 전쟁에 나서게 되었다. 전쟁의 와중이었던 1204년, 예루살렘으로 향하던 제4차 십자군이 중간 지점에 있던 콘스탄티노플을 점령한 뒤 그곳에 라틴 제국을 세우는 일이 벌어졌다. 나중에 이 콘스탄티노플은 이슬람의 오스만 투르크 군대에 점령당했지만(1453년), 이런 일들로 인해 서방 교회에 대한 동방 교회의 반감의 골은 돌이킬 수 없이 깊어졌고, 급기야 동 · 서방 교회는 결정적인 분열의 길로 들어서게 되었다.

이렇게 정치적으로는 혼란스러웠지만 학문적으로는 대단히 활발했다. 곳곳에 대학이 생겨났다. 이 시대에 가장 중요한 학문은 신학이었으며, 스콜라(학교) 신학자로 불리는 뛰어난 학자들도 많이 배출했다. 이 가운데 안셀무스(1033-1190)와 같은 이는 신의 실존을 논리적으로 설명해 보이려고 했고, 토마스 아퀴나스(1225-1274)는 『신학 대전』이라는 대규모 철학서를 집필하여 그리스도교 교리와 고대 그리스 철학자인 아리스토텔레스 철학을 조화시키고자 했다.

## 종교 개혁과 반종교 개혁

서방 교회의 영향력 아래 있었던 유럽에서는 지나치게 권력이 집중되면서 타락의 양상마저 보이던 교회에 대한 개혁의 열망도 높아졌다. 그러던 즈음 1517년 독일 수사인 마르틴 루터(1483-1546)가 교회의 기존 관행을 공식적으로 비판하면서 개혁의 움직임이 시작되었다. 루터가 당시 교회에 제기한 95개의 문제점들은 루터 자신도 의도하지 못했던 개혁의 불길로 이어졌다. 이것은 서방 교회를 로마 가톨릭(보편적 교회라는 뜻)과 프로테스탄트(저항하는 사람이라는 뜻)로 분리시키는 계기가 되었다.

루터는 인간의 선행이 하느님의 은총에 자유롭게 협력해야 한다는 기존 교회의 신학적 입장과는 달리, 인간적 노력보다는 오로지 하느님의 은총과 그에 대한 믿음을 강조했고, 교리보다는 성경에서 진리의 기준을 찾고자 했다. 이러한 루터의 정신은 1520년대에 북부 독일과 스칸디나비아 반도에 빠르게 퍼져 나갔다.

여기에다가 프랑스의 사상가인 장 칼뱅(영어식 발음으로는 존 칼빈,

1509-1564)의 하느님의 구원 예정설, 일종의 소명으로서의 직업적 투신과 같은 가르침은 스위스, 영국, 스코틀랜드, 프랑스, 네덜란드의 종교 개혁에 영향을 미치면서 프로테스탄트 분리 독립의 사상적 기초로 작용하게 되었다. 한국에서 가장 큰 교파를 형성하고 있는 이른바 '장로교회'는 바로 이 칼뱅의 사유에 영향받아 생긴 종파라고 할 수 있다. 물론 알게 모르게 한국의 종교 문화적 맥락의 영향을 받고 있는 한국 장로교회가 칼뱅에 의해 생겨난 유럽의 프로테스탄트 교회와 동일한 것만은 아니지만 말이다.

이러한 교회의 분리 사건에 대해 로마 가톨릭 교회에서는 이른바 트렌트 공의회(1545-1563)를 열어 프로테스탄트를 분리주의자들이라 비판하면서 가톨릭 신앙의 쇄신과 단합을 도모했다. 이 공의회에서는 교회 전통을 성서와 같은 권위를 지니는 것으로 보았다. 이러한 일련의 흐름을 이른바 '반종교 개혁'이라 하는데, 특히 반종교 개혁을 주도한 세력은 1534년 로욜라의 이냐시오(1491-1556)가 창설한 예수회였다. 예수회 회원들은 개신교가 급속히 뻗어나간 북유럽 지역에 비해 남유럽 그리스도인들의 종교성을 회복시키면서, 로마 가톨릭을 전세계 많은 사람들에게 전파하는 역할을 담당했다.

### 근대의 그리스도교

18세기 들어 불기 시작한 합리주의적 사고방식은 가톨릭과 프로테스탄트를 막론하고 그리스도교 교회의 기존 교리와 세계관에 의구심을 불러일으켰다. 상대적으로 합리적이지 못한 듯한 그리스도교 신앙 원리들은 사회적 흐름과 괴리되어갔다. 특히 영국의 자연주의자 찰스 다윈이 주장한 진화론이 유행처럼 번지면서 창조론을 당연시한 교회의 권위에 엄청난 도전으로 다가왔다. 교회, 특히 로마 가톨릭 교회에서는 1869년 제1차 바티칸 공의회를 소집해 교황의 공식적 판단에는 오류가 없다는 교황무류설을 선포하는 방식으로 기존 교리를 확인하고 교회의 일치를 도모하고자 했다. 개신교도 전반적으로는 일부 신학자들을 제외하고는 대중적 신앙 구조에 있어서는 획일적, 교리 중심적이었던 가톨릭 신앙과 크게 다를 바 없었다. 사회로부터 이러한 도전을 받게 되자 상당수 그리스도교권 국가의 교회에서는 기존의 교리적 전통을 고수하는 가운데 제3세계 국가들로 선교사들을 파견해 유럽 지역 밖에서 그리스도교의 양적 팽창을 도모했다. 일본이나 한국에 그리스도교가 소개된 것도 이러한 배경 속에서였다.

## 한국의 그리스도교

공식적인 기록에 따르면 가톨릭은 중국을 거쳐 1784년에, 프로테스탄트(개신교)는 미국 선교사들이 주도하며 1884년에 한국에 소개되었다. 가톨릭과 개신교의 도입 시차는 백여 년 있지만 초기의 선교적 자세는 둘 다 엇비슷했다. 가톨릭은 조선의 제사를 위시하여 기존 한국의 종교 문화 전통을 무시하다가 숱한 박해를 경험했고, 개신교도 시대 정황상 가톨릭 만한 박해는 받지 않았지만, 한국의 전통을 멸시하는 사고방식을 가지고 있기는 마찬가지였다. 한국의 전통 정신 문화를 존중한 그리스도인이 전혀 없던 것은 아니었지만, 한국인 자신도 한국의 전통을 무시하기 일쑤였다. 여기에는 미국 선교사들이 전해준 근본주의적 세계관의 영향이 반영되어 있었다.[7] 특히 국가의 멸망이라는 비극적이고 충격적인 상황을 경험하면서 전통 종교보다는 구미의 생활양식과 함께 소개된 개신교에서 새로운 가치를 발견한 한국인들이 초자연적 교리와 성서의 문자를 있는 그대로 중시하는 미국 근본주의 선교사들의 영향에 직접 노출되면서 한국인조차 자신의 전통 문화를 극복의 대상으로 간주

7 근본주의fundamentalism는 18세기 유럽에서 계몽주의, 과학주의, 역사주의 등 자유주의적 사고방식이 팽배해지자 그에 대한 반작용으로 19세기 미국에서 생겨난 뒤 한국을 비롯한 세계 곳곳으로 수출된 비교적 새로운 사조이다. 그것은 과학적 이성에 힘입은 유럽식 자유주의 신학에 대한 미국 내 그리스도교적 대응이자, 새로운 여성해방운동에 대한 기존 남성문화 중심적 사고방식의 고수라 할 수 있다. 근본주의에서는 과학적 이성을 신에 대한 도전으로, 자유주의 신학을 세속적 시류에 물든 신학으로 간주하면서, 그 이전적 질서에서 판단의 기준을 찾으려고 한다. 그 이전적 질서의 핵심에는 문자주의적 성서무오설이 있다. 성서의 문자는 처음부터 끝까지 하늘로부터 계시된 불변의 진리이기 때문에 한치의 오류도 있을 수 없다는 성서무오설은 근본주의의 대전제이다. 성서야말로 불변하는 '캐논(기준)'이되, 특히 그중에서도 그리스도의 동정녀 탄생, 속죄, 부활, 그리스도의 재림 등 초자연적 내지 기적적 현상을 영원한 진리로 강조하는 경향이 강하다. 변화하는 세상에 휩쓸리지 않으려는 것이 종교적 근본주의의 핵심이 되는 것이다. 여기에다가 탈성화하고 세속화해가는 사회를 경계하면서, 금주나 금연 같은 다소 금욕적인 실천을 통해 무언가 분명하고 일관된 자세를 견지하고자 한다. 그럼으로써 사람들이 잃어버린 초월의 세계를 복구, 간직하려는 것이다. 물론 이러한 사고방식이나 세계관 자체는 문제가 되지 않는다. 어쩌면 때로 필요한 자세일 수도 있다. 하지만 이른바 근본주의자들은 흔히 자기중심적 진리관을 견지하는 태도를 넘어 타자 억압적 자세를 노골화하기도 한다는 데 적지 않은 문제가 있다고 할 수 있다.

하는 경우가 비일비재했다. 이러한 타 종교 내지 전통 문화에 대한 배타적 자세가 한국 그리스도교의 주류를 형성해오다가, 소수나마 그리스도교의 근본 정신과 한국적 정체성의 확립에 관심을 제대로 기울이기 시작한 것은 1960년대 들어서이다.

1960년대는 그동안 사회적 흐름과 괴리되어가던 그리스도교의 현실을 직시한 교황 요한 23세가 제2차 바티칸 공의회(1962-65)를 소집해 사회와의 조화적 정신 속에서 교회의 현대화를 도모하고자 한 시대이기도 하다. 이러한 정신은 개신교 교회에서 1948년 창설한 세계교회협의회(WCC) 정신과도 어울리면서 한편에서는 21세기 가톨릭과 개신교의 일치 운동 및 그리스도교의 현대화 운동, 그리고 그리스도교의 현지화 흐름이 지속되고 있는 중이다. 한국의 경우도 타 종교 문화에 대해 배타적인 근본주의적 사고방식이 한편에서는 여전하지만, 시간이 흐를수록 교리를 현대적으로 재해석하면서 종교 문화 간의 대화에 참여하는 사람도 많아지고 있는 형편이다. 1,500만 명이나 되는 신자의 규모와는 걸맞지 않게 아직은 한국 내 문화적 뿌리가 약한 그리스도교가 앞으로 한국 안에서 과연 어떻게 전개되어나갈지 자못 궁금하다.

# 4

# 종교와 사회의 순수한 통합 이슬람

## 이슬람의 현황

이슬람Islam은 현재 세계 55개국에 약 13억 명 정도의 신자를 가진 세계 최대급 종교이다. 흔히 그리스도인이 가장 많은 것으로 알려져 있지만, 이슬람 문화권에서는 이슬람 신자(무슬림)가 더 많다는 보고가 나오기도 하는 정도이다. 그러나 우리에게 이슬람은 아직도 '이웃 종교'라기보다는 문화적으로 낯선 '이국 종교'로 느껴진다. 동 · 서양의 대표적 종교가 망라되어 있는 전형적인 '종교 백화점' 국가가 우리나라이지만, 이슬람의 경우만은 아직 예외적인 편에 속한다. 이스라엘과 팔레스타인의 충돌, 걸프만 전쟁, 미국의 이라크 침공 소식과 함께 이슬람에 관한 정보도 상당히 많이 소개되었지만, 우리나라에는 2004년 현재 다섯 개의 사원(모스크)에 3만 5천 명가량의 신자가 등록된 정도에 머물고 있다.[1]

### 이슬람에 관한 오해와 진실

그러다 보니 전체적으로는 아직 이슬람을 낯설어하는 경향이 많다. 낯설어할 뿐 아니라 일부, 특히 그리스도인들을 중심으로 강한 거부감을 느끼기도 한다. 사람들은 '이슬람' 하면 '한 손엔 칼, 한 손엔 코란'[2]과 같은 호전적인 표어나 전쟁 등의 이미지를 떠올리거나, 이슬람 문화권은 일부다처제가 성행하는 여성 억압적 사회라는 부정적 선입견부터 가진다. 이슬람은 '마호멧'[3]을 신으로 믿는 종교라는 오해도 버젓이 유통된다. 하지만 모든 것이 사실과 다르다. 과연 이슬람이란 무엇인가?

'이슬람'이라는 말은 '평화'를 뜻하는 아랍어 '살름salm'에서 유래했다. 알고 보면 이슬람 신자들의 대다수는 평화와 관용을 추구한다. 역사상 이슬람 문화권 안에 살던 유대인과 그리스도인을 비교적 존중해주었던 이들이 무슬림이다. 도리어 이슬람권과 십자군

1 한국 내 이슬람 신자 수는 한국 내 외국인 무슬림의 종교적 정체성을 어떻게 보느냐에 달려 있다. 법무부 출입국관리국에 따르면, 2008년 8월 현재 1,133,874명의 외국인 중 무슬림은 15만 명에 달한다고 한다. 하지만 이들을 전부 한국 무슬림 숫자에 포함시키기는 곤란한 일이다. 전문가들은 한국 무슬림 숫자를 아무리 많게 잡아도 10만 명은 넘지 않을 것으로 본다.

2 관례대로 이 문장에서만큼은 '코란'이라 적었으나, 이후로는 '쿠란'으로 표기하겠다.

3 '마호멧' 또는 '모하멧'보다는 '무함마드'가 정확한 우리말 표기이다.

전쟁을 벌인 경험이 있는 그리스도교권 국가들에서 이슬람을 억압하고 호전적인 종교로 묘사해온 경향이 있었다. 더욱이 지난 2,000년 동안 평화롭게 살던 이슬람 문화권 팔레스타인에 유대인들이 점차 모여들다가 급기야 이스라엘이라는 국가를 수립한 이후(1948년), 유대인의 영향력이 강한 미국에서는 거의 일방적으로 이스라엘 편을 들었다. 자기 땅에서 쫓겨난 팔레스타인의 아랍계 민족은 이스라엘과 미국에 대항해 전쟁을 벌였고, 아랍계 민족의 대다수가 이에 심정적으로 동조했다. 반대로 미국의 뉴스는 대다수 아랍계 민족의 종교인 이슬람에 곱지 않은 시선을 보냈고, 친미 성향이 강한 우리나라 언론에서는 이슬람의 폭력성과 관련된 미국의 보도 자료, 뉴스 등을 여과 없이 내보내면서 우리로 하여금 이슬람은 폭력적인 종교라는 부정적인 선입견을 갖도록 하는 데 일조했다. 그러나 알고 보면 일부 이슬람 원리주의자들을 제외한 무슬림 대다수는 타 종교를 용인하고 현지 문화를 존중하는, 비교적 우호적인 사람들이다. 이제는 오해를 풀고 우리의 눈으로 제대로 이슬람을 들여다보아야 할 때이다. 세계 문명의 3할을 차지하는 거대 사회 이슬람을 모르고서 어찌 세계를 안다고 할 수 있겠는가.

### 알라 외에 다른 신은 없다

이슬람 신앙의 핵심은 "알라 외에 다른 신은 없고 무함마드는 그의 사도이다"라는 신앙 고백에 들어 있다. 흔히 그렇게 고백하는 사람을 '무슬림Muslim'이라고 한다. 여기서 아랍어 '알라Allāh'는 우리말로 신God이라는 뜻이다. 한국 무슬림은 알라를 '하나님'으로 번역해 부르고 있다. 그러니 많은 사람들이 오용하곤 하는 '알라 신'이라는 호칭은 '역전 앞'이나 '초가집'보다 더한 오류가 아닐 수 없다. 그저 '알라'라고만 하면 된다. 한국에서는 이 신의 단일성을 구체적으로 담아내고자 개신교에서 쓰는 '하나님'이라는 용어를 차용했다. 알라를 제외하고 이 세상의 어떤 것도 신일 수 없다는 사실을 말하기 위해서이다. 한 분 하나님에 대한 고백, 이것이 이슬람 신앙의 핵심인 것이다.

가령 쿠란에서는 이렇게 말한다. "하나님은 한 분이시고 하나님은 영원하시며 낳지도 않고 태어나지도 아니했나니 그분과 대등한 자 세상에 없도다"(112 : 1-4). 이 구절에는 역사적 인물 예수를 마치 신처럼 받들며, 신이 성부, 성자, 성령의 세 위격으로 나뉜 것처럼 말하곤 하는 그리스도교에 대한 비판이 은연중에 들어 있기도 한다. 이슬람 신앙에 따르면 세상의 어떤 존재도 신일 수 없으며, 신을 대체하는 어떤 것도 있을 수 없다. 따라서 신 아닌 것을 신처럼 받드는 행위가 이슬람의 가장 큰 죄, 즉 우상 숭배이다. 그러한 사실을 알려준 이가 이슬람의 위대한 예언자 무함마드이다.

## 예수, 무함마드, 쿠란

이슬람 신앙에 따르면, 신은 자신의 뜻을 인간에게 전하기 위해 많은 예언자들을 세상에 보냈다. 쿠란에 언급된 예언자만도 28명이나 된다. 그중 아담, 노아, 아브라함, 모세, 예수, 무함마드Muḥammad (570-632) 등이 중요한 예언자들이다. 이 가운데 예수는, 무함마드를 제외한다면, 무슬림에게 가장 존경받는 예언자이다. 예수를 존경하지 않는 무슬림은 무슬림이라고 할 수 없다는 말이 있을 정도이다. 쿠란에 등장하는 예수는 동정녀 마리아로부터 탄생했고, 많은 기적을 행했으며, 십자가에서 죽지 않고 하늘로 들어올려진 분이다.

그럼에도 불구하고 무슬림에게 인류 최후의, 최고의 예언자는 역시 무함마드이다(쿠란 33 : 40). 그가 그렇게 받들어지는 이유는, 뒤에 보겠지만, 신으로부터 계시를 있는 그대로 순수하게 받아 전해주었다고 믿기 때문이다. 하지만 무함마드는 결코 그리스도교의 예수 같은 존재가 아니다. 신의 아들도 아니고 신 · 인 양성兩性도 갖지 않는다. 신의 계시대로 다신교를 타파하고 신의 유일성을 알리는 데 평생을 바친 완벽한 인간, 신의 사자일 뿐이다. 그래서 무슬림이 '예언자'라고 할 때, 그것은 단연 무함마드를 일컫는다.

무함마드는 조실부모한 뒤 할아버지 슬하에서, 그리고 할아버지 사후에는 큰아버지 손에서 자랐다. 어렵게 젊은 시절을 보내다가 25세 때 카디자라고 하는 '돈 많은 과부'와 결혼을 했다. 그 뒤 삶에 여유가 생겼는지 동굴에서 종종 명상을 하는 시간을 갖곤 했다. 그러다 40세 되던 해에 히라산의 한 동굴에서 명상을 하다가 하늘의 계시를 받게 된다. 마리아에게 예수 탄생을 고지한 가브리엘 천사가 무함마드에게도 나타나 "읽으라"라고 요구하면서 무함마드가

'하나님의 사자' 됨을 증거했다는 것이다. 그 뒤 다양한 계시들이 23년간 계속되었는데, 이슬람 전통에 따르면 글자를 모르던 무함마드는 그 계시들을 암송했다가 지인들을 통해 기록으로 남겼고, 그의 사후 추종자들이 이 계시들을 한데 모아 한 권의 경전 『쿠란Qur'an』으로 확정지었다(652년).

이슬람에서는 쿠란 외에도 모세오경, 다윗의 시편, 예수의 복음서 등이 모두 신성한 신의 계시라고 믿으면서도 이것들은 인간에 의해 수정, 가필, 삭제되는 바람에 신의 말씀을 순수하게 보존하지 못했다고 본다. 가장 순수하고 완벽한 신의 말씀은 무함마드를 통해 계시된 쿠란이라는 것이다. 무슬림에게 이 쿠란은 신의 말씀 그 자체나 다름없다. 쿠란은 이렇게 한 권으로 확정된 이후 전 세계 이슬람 문화의 기초이자 무슬림의 생활 기준으로 작용해오고 있다.

## 천사, 내세, 심판

알라, 무함마드, 쿠란에 대한 믿음 외에 무슬림은 네 번째로 신의 사자로서의 천사의 존재를 믿는다. 천사는 인간 행동을 기록하고 죽은 이의 영혼을 받아들여 심판 때 보조 역할을 하는 신의 피조물이다. 무함마드에게 계시를 내린 가브리엘 대천사가 가장 중요한 천사이다. 그리고 다섯째, 현세 인간의 행위를 보상하는 곳인 내세를 믿으며, 죽은 뒤에는 심판을 거쳐 천국이나 지옥으로 가게 된다고 믿는다. 마지막으로 여섯째 인간의 행위와 운명은 신이 정하는 대로 이루어진다(定命)고 믿는다. 무슬림의 일상 인사인 "인샬라(신이 원하시면)"가 이것을 반영해준다. "신이 원하시면"이라는 말에는 인간의 모든 일들, 특히 미래와 관련된 일들은 신만이 아시고 결정하신다는 의미가 담겨 있다. 외국인들 눈에 아랍인들이 종종 약속을 잘 지키지 않는 것처럼 보이기도 하지만, 거기에는 인간의 어떤 의지와 약속도 신의 뜻을 넘어설 수 없다는 무슬림의 기본적인 신앙관이 반영되어 있는 것이다.

### 다섯 가지 실천

이상과 같이 무슬림 신앙 고백의 핵심은 모두 여섯 가지로 되어 있다. 이것을 흔히 육신六信이라고 한다. 바로 이러한 여섯 가지에 대한 신앙 고백이야말로 무슬림의 첫 번째 실천적 의무인 것이다. 그 다음 무슬림의 두 번째 의무는 매일 올리는 다섯 번의 기도이다. 무슬림은 동틀 때, 정오, 늦은 오후, 일몰 직후, 취침 직전, 어디서든 자리를 깔고 이슬람 승리의 상징인 '메카'를 향해 기도하면서 자신의 신앙을 반성하고 다진다. 이때 가능하다면 손과 발을 깨끗이 씻는 일종의 정결례를 행한다. 셋째, 빈민을 구제하고 성전 건축 등에 쓰도록 보통 소득의 2.5% 정도의 헌금을 한다. 넷째, 1년 중 한 달 동안, 즉 이슬람력 음력 9월인 라마단월에 해가 있을 동안 금식하면서 무슬림답지 못했던 행동을 반성한다. 한 달간의 금식이 끝나고 나면 우리의 추석이나 설날보다 조금 신나게 느껴지는 3일간의 축제(이들 피트르)를 벌인다. 다섯째, 일생에 한 번 메카로 순례 여행(하지)을 떠날 의무를 지닌다. 보통은 이슬람력 12월을 전후로 행해지는데, 이 기간에는 사랑하는 아들마저 신께 바치고자 했던 예언자 아브라함의 정신을 기억하며 양을 희생 제물로 드린다. 이 순례 기간 중 세계 각국의 무슬림이 모여 이슬람 국제주의와 무슬림의 만민평등 사상을 고취한다. 이상 다섯 가지 실천적 의무를 흔히 오주五柱라 한다.

메카

무슬림에게는 일생에 한 번 이슬람력 12월에 이슬람 승리의 상징인 사우디아라비아의 메카로 순례 여행을 떠날 종교적 의무가 있다. 종교적 의무라지만 실상은 대부분 무슬림 평생의 염원이다. 매년 300만 명에 가까운 순례객들이 이곳에 모여 이슬람 국제주의와 만민평등 사상을 고취하는 예배를 드린다.

그 밖에 무슬림은 술과 돼지고기를 먹지 않는다. 돼지고기는 특히 더운 사막에서 부패하기 쉬운 음식이었던 탓인지, 무슬림은 돼지고기를 부정한 음식으로 간주하게 되었다. 그러나 정말 돼지고기를 먹지 않는 이유는 신께서 쿠란을 통해 그렇게 계시하셨다는 아주 단순한 믿음 때문이다. 그만큼 쿠란은 이들에게 절대적이다.

### 원리주의자와 거룩한 전쟁

이와 함께 이슬람 신앙이 도전받을 때는 '거룩한 전쟁(지하드)'도 불사한다. 평화라는 의미를 지녔으며, 타 종교나 문화에 대해 관용적이고자 하는 이슬람이지만, 불의로 인해 하나님 신앙이 손상되는 경우라고 판단되면 상황이 달라진다. 종종 일반인들에게 이슬람이 호전적이거나 관용성이 없는 것으로 비춰진다면, 그것은 신에 대한 신념이 특수해서라기보다는, 불의에 대한 경계심이 철저해서라고 말하는 것이 더 이슬람적일 것이다. 불의가 무엇인가에 대한 기준은 다양할 수 있겠지만, 무슬림은 일단 불의라고 판단된 것에 대해서는 관대하지 않은 편이다. 미국의 중동 지역에 대한 영향력이 강화되고 있는 요즈음 이슬람 '원리주의자들'—이슬람 본래 정신을 되살리려는 이슬람 부흥운동가들에 대한 구미식 표현—을 중심으로 '거룩한 전쟁', '성전聖戰'과 같은 비관용적인 듯한 표현들이 많이 등장하게 되는 것은 적어도 그들이 보건대 미국식 자본주의, 물량주의적 질서, 타락한 성도덕 같은 것이 불의한 것이기 때문이다.

예를 들어보자. 전시戰時의 성범죄는 불가피한가? 그렇다고 말하는 이들도 있지만, 무슬림은 어불성설이라며 대응한다. 가령 1960년대 월남전에 참전했던 한국군들이 이른바 '라이 따이한' 문제를 만들어놓았던 것과는 대조적으로, 1970년대 사우디아라비아에서 오랫동안 건설 근로자로 일했던 이들에게는 그러한 문제가 거의 없었다. 성범죄를 일으킬 수 없었던 사우디의 사회적 분위기 때문이었다. 그렇다면 성범죄는 생물학적 본성의 결과라기보다는 타락한 사회가 조장해놓은 범죄인 셈이다. 그것만 보더라도 이슬람 정신은 보호되고 확대되어야 한다는 것이 원리주의자들의 한결같은 생각이다.

더욱이 사회주의도 실험해보았고 자본주의도 겪어보았지만, 결과적으로 성공적이지 못했다고 판단한 무슬림들이 보건대 이런 식의 타락한 자본 중심적 세계 운영 방식은 정당하지 못하다. 그리하여 이른바 원리주의자들은 본래의 이슬람 정신만이 타락한 세계를 되돌릴 수 있는 유일한 길이라고 믿는다. 이 마당에 물량주의 질서를 강요하다시피 하면서 자신의 그늘 안에 두려는 미국의 도전은 이들에게 가장 불의하다. 죽음을 무릅쓰고 미국에 대해 성전을 선포하고, 침략자를 체포하여 처참하게 참수하는 등의 행위는 평화를 의미하는 이슬람 신앙 원리에 어긋나지만, 상당수 무슬림들이 굳이 반대까지는 하지 않는 이유도 이러한 미국의 도전이 더 불의하다고 판단하기 때문이다.

2003년 미국의 이라크 침공 이후 이슬람 원리주의자들에게서 성전이라는 말을 자주 듣게 되었다. 그런데 미국과 영국, 그리고 아랍권은 왜 사이가 좋지 않아졌나? 여기에는 기본적으로 이스라엘, 팔레스타인, 미국의 애증 관계, 촘스키의 표현대로 이른바 '숙명의 트라이앵글'이 그 기초에 놓여 있다. 이에 대한 이해를 도모하기 위해서 먼저 이슬람의 발생과 역사적 전개에 대해 알아볼 필요가 있다.

## 이슬람의 유대교적 뿌리

이슬람이 생기기 이전 아라비아 지역의 종교는 최고신 '알라'를 정점으로 하는 전형적인 다신교 형태를 띤 가운데 바빌로니아와 페르시아의 종교, 그리고 유대-그리스도교의 영향을 일부 받고 있었다. 이들 중 어떤 이들은 유대인들의 조상이라는 아브라함 이야기에 대해 듣고 있었으며, 아브라함이 섬기던 신, 아브라함식의 종교를 참 종교로 인식하고 그것을 추구하는 일단의 움직임도 있었다. 나중에 무함마드가 자신이 받은 계시의 출처를 유대-그리스도교의 신과 연결짓게 된 데에도 이러한 종교적 배경이 작용하고 있는 것이다.

무함마드의 계시가 유대-그리스도교에서 믿는 신과 동일한 신으로부터 온 것이라고 처음 해석해준 이는 부인의 사촌 와라카였다. 그리스도교에 대해 이미 알고 있었던 와라카는 모세와 같은 이스라엘의 예언자들이 만난 바로 그 신이 무함마드에게도 임했으며, 무함마드는 아랍 사람들을 위한 신의 사자가 된 것이라고 조언해주었다. 처음에 무함마드는 반신반의하다가, 3년 정도 지난 후부터는 그러한 사실을 확신하고서 동족인 쿠라이쉬 부족에게 신의 계시 내용을 선포하기 시작했다. 알라는 여러 신들 중 하나가 아니라, 유대인이나 그리스도인이 섬기는 신과 동일한 분, 즉 유일신이라는 사실을 확신에 차서 전한 것이다. 무함마드는 유대교에 호감을 가졌으며, 초기 지지자들에게는 유대교의 속죄일에 금식할 것, 유대인처럼 하루 세 번 예루살렘을 향해 기도할 것 등을 명했다.

여기에다가 쿠라이쉬 부족의 공격을 피해 메디나로 이주한 뒤 그곳에서 무함마드는 아랍계 유대인들을 통해 아브라함의 장자인 이스마엘이 아버지와 함께 메카로 와서 유일신 최초의 신전인 '카바'를 건축했고, 이스마엘이 아랍계 민족의 조상이 되었다는 이야기들을 들었다. 그에 따라 무함마드도 이슬람 신앙의 뿌리를 아브라함과 이스마엘의 신앙적 행적에 두게 되었다. 그러나 이슬람이 자기들의 입지마저 좁게 만들 것이라고 판단한 그곳 유대인들이 무함마드에게 등을 돌리자, 무함마드는 624년 알라의 새로운 종교를 선포하며 종교적으로 독립을 선언했다.

### 움마의 확립

무함마드 최초의 추종자는 아내인 카디자, 사촌동생이자 사위인 알리, 그리고 몇몇 친구와 소수의 가난한 이들이었다. 이들은 그의 가르침에 동조하고 따르기 시작했다. 하지만 신은 한 분이니 우상 숭배를 하지 말라거나 신 앞에서 모든 이는 평등하다는 식의 설교는 다양한 부족신들을 섬기는 메카의 특권층들에게 위협이 되었다. 그들이 무함마드를 기존 질서의 파괴자로 간주하고서 박해하고 공격하자 무함마드는 추종자들과 함께 메디나(당시에는 야스립)로 이주하게 되었고(622년, 이때가 이슬람 원년이다), 거기서 기존의 혈연 공동체를 넘어선 신앙 중심의 평등 공동체, 즉 '움마'가 창설되었다.

그 뒤 무함마드 추종자들은 신앙상의 적대 세력인 메카의 기득권층들과 본의 아닌 전쟁을 여러 차례 하게 되었다. 그러나 최후의 승리자는 무함마드의 메디나 공동체였다. 그 결과 630년경에는 이슬람의 영향력이 아라비아 전역에까지 이르게 되었다. 이러한 기초를 다져갈 즈음 무함마드는 열병을 앓다가 끝내 사망하고 말았다. 632년, 그의 나이 62세 때였다.

## 분파와 확대

무함마드 사후 이슬람 공동체는 무함마드의 장인이자 동료였던 아부 바크르를 후계자, 즉 '칼리파'로 선출했다. 그 뒤 2대 우마르, 3대 우스만, 4대 알리로 이어지는 지도자 계보가 생겨나면서 양적으로 더 확대되기 시작했다. 하지만 메카의 호족 세력 우마이야 가문의 무아위야가 4대 칼리파인 알리가 죽은 뒤 알리의 세력에 반기를 들면서 칼리파 자리를 뺏다시피 했다. 그러자 무함마드의 후계자는 그의 비밀을 전수받은 친족 알리측에서 나와야 한다고 주장했던 이들을 중심으로 이른바 '쉬아(알리의 무리를 의미하는 '쉬아트 알리'의 앞 낱말)파'가 분리되어 나오기도 했다. 이들 쉬아파는 전체 이슬람의 10% 정도로서, 현재는 주로 이란 지역에, 그리고 일부가 이라크 지역에 거주하고 있다. 나머지는 우마이야 가문을 통해 전승되어온 기존 칼리파의 노선을 그대로 따르는 '순니(전승된 풍습, 즉 순나의 무리라는 뜻)파'에 속한다.

### 이슬람 전성기

이슬람도 여느 종교가 그렇듯이 대립, 혁명, 분파의 역사를 걸어왔다. 하지만 신의 계시 그 자체로 간주되는 쿠란 및 세세한 율법 체계인 샤리아를 일찌감치 확립한 덕에 정치적 외풍에도 불구하고 큰 탈 없이 이슬람적 정체성을 유지해갈 수 있었다. 뿐만 아니라 신에 대한 순수한 신앙적 열정과 이민족에 대한 포용력을 신앙의 핵심으로 하면서 급격히 발전해나갔다.

시간이 흐름에 따라 무슬림의 신앙 생활이 형식적으로 흐르는 것을 염려하면서 직관적 체험을 중시하며 신과의 합일을 추구하는 신비주의인 '수피즘'도 발흥했는데, 대표적인 수피가 알 할라즈(?-922)이다. 그는 자신의 자아가 신 앞에서 철저하게 죽은 까닭에 자신이 바로 신이라고 말했던 영성가이다. 신성 모독으로 참수당한 그는 예수를 인간과 신이 합일된 최고의 수피로 간주하기도 했다. 여자 성인으로 받들어지는 라비아(?-801)도 대표적인 수피 가운데 하나이다. 그 밖에 법학, 철학, 신비주의를 통합해 이슬람학의 기초를 다졌던 알 가잘리(1058-1111) 같은 걸출한 학자도 등장하는 등, 철학, 문학은 물론 건축, 예술 등의 분야에서도 이슬람은 독특하고 탁월한 문화를 확립해나가기 시작했다.

이슬람은 아라비아 전역은 물론 지중해 연안의 남유럽, 북아프리카에까지 그 영향력을 급속도로 확대시켜나갔다. 13세기에는 몽골의 침략을 받아 잠시 위축되는 듯했으나 그 사건은 도리어 몽골의 영향하에 있던 중앙아시아 지역이 종교적으로는 이슬람화하는 계기로 작용하게 될 정도로 사상적, 문화적 영향력은 지속적으로 확장되었다. 오스만 투르크 제국의 번성 기간 중 이슬람 문명은 최고조를 구가하다가, 18-19세기에 들어서부터 유럽 문화가 발흥하면서 오늘날까지 상대적으로 퇴조하는 양상을 보여오고 있다. 이 와중에 20세기에 있었던 이스라엘의 건국과 맞물리면서 이슬람은 세계 분쟁의 한복판에 서게 되었다.

### 이스라엘의 건국과 팔레스타인

유대교 부분에서 보았듯이, 고대 이스라엘이 로마에 의해 완전히 멸망당한 이후 유대인은 세계 각지로 뿔뿔이 흩어지게 되었다. 그 후 1,900여 년 동안 팔레스타인 지역의 주인공은 사실상 지금의 아랍계 팔레스타인 사람들이었다. 그러다가 19세기 이후 유럽의 극단적 반유대주의로 인해 피해를 당하던 유대인들은 자신들의 고향의 상징인 시온으로 돌아가자는 이른바 시오니즘 운동을 벌이면서(1897년), 하나 둘씩 조상들이 살던 팔레스타인 지역으로 모여들더니 자신들의 정착촌을 건설하기 시작했다. 1920년대에 4만 명가량이던 유대인들이 1948년에는 64만 명까지 늘어나게 되었다. 그러자 이 지역에 대해 정치적인 이해관계가 맞물려 있는 영국, 프랑스, 미국 등의 직 · 간접적인 관여와 후원 속에 이스라엘이라는 이름으로 독립 국가를 선포하기에 이르렀다(1948년).

## 팔레스타인의 불행과 미국

당연히 기존의 팔레스타인 사람들은 이에 반발하며 아랍계 민족의 후원하에 전쟁을 벌였다. 하지만 유대인의 경제적 능력 덕을 적잖이 보고 있던 미국의 후원으로 인해 팔레스타인은 이스라엘에 패하고 말았다. 그 뒤 팔레스타인 사람들 상당수는 2,000여 년을 살던 자기들의 땅에서 쫓겨나 난민이나 다름없는 신세가 되고 말았고, 대다수가 무슬림인 아랍계 민족은 팔레스타인에 심정적으로 동의하며 미국에 대해 적대감을 갖게 되었다.

더욱이 1967년 이스라엘이 기습적인 6일 전쟁으로 팔레스타인 땅이었던 요르단 강 서안, 가자 지구, 시리아의 골란 고원을 점령했을 때는 별말이 없던 미국이 1990년 이라크가 쿠웨이트를 침범했을 때는 강력하게 개입해 이라크를 초토화시키자 이라크는 물론 아랍 사회 전반이 미국의 불공정한 제국주의적 태도에 대해 정서적으로 더 큰 반감을 가지게 되었다. 게다가 이슬람 문화권이 미국의 자본과 타락한 문화에 점점 더 노출되면서 보수적인 아랍인들일수록 미국에 대한 굴욕감이 더 깊어지게 되었고, 급기야 이러한 정서는 2001년 9월 11일 미국에 있는 세계무역센터 테러 사태를 촉발시키는 원인이 되었다. 2003년 미국이 핵무기를 보유하고 있는 이스라엘은 늘 두둔하면서 아프가니스탄은 물론 대량 살상무기를 제거한다는 구실로 이라크를 본격 침공한 데에는, 중동 지역에 대한 장악력을 높이고, 석유 자원을 확보하려는 정치·경제적인 이유도 있지만, 거슬러 올라가면 이슬람권 문명과 구미 세계 간의 이러한 적대적 정서도 그 원인으로 작용하고 있는 것이다.

## 현대 이슬람의 과제

미국이 아프가니스탄이나 이라크를 침공하면서 중동 지역에 대한 장악력을 강화하려는 의도가 노골화되자 이슬람권은 반미를 기치로 내걸고 내적 결속력을 더욱 다져가는 분위기이다. 분쟁의 한복판에 있는 이슬람에 대한 관심의 폭도 세계적으로 커지고 있는 중이다. 미국과 이슬람권의 갈등 양상이 도리어 이슬람 신앙의 상대적인 순수성, 그리고 단순성과 명료성을 세계로 하여금 다시 알게 해주는 호기로 작용하고 있는 것이다. 비이슬람권에 이슬람 신자가 늘고 있고, 한국 무슬림의 규모도 지속적으로 확대되고 있는 것이 그 예이다.

이러한 상황 속에서 21세기의 이슬람은 원하든 원하지 않든 세계의 주류로 작용하고 있는 미국 중심의 문화를 어떻게 소화하고 해결해야 할지, 율법과 공동체 중심의 전통적 신앙 양태를 세속화한 개인주의적, 자본중심적 구미 문화의 물결과 얼마나 어떻게 조화시켜나가야 할지, 앞으로 이슬람의 사활을 가늠할 초미의 과제를 안고서 살아가는 중이라 하겠다.

### 알라와 야웨

흔히 오해하는 것과는 달리 이슬람은 비교적 관용적인 종교이다. 그 근본 이유는 신관에서 찾아볼 수 있다. 알라는 유일신이다. 대다수의 유대-그리스도인들은 유일신을 섬긴다는 이유로 다른 이름의 종교를 거부하는 경향이 있었지만, 이슬람에서는 정말 유일신이시라면 그분이 계시지 않는 곳은 없지 않겠느냐는 생각이 더 컸다. 이슬람에서는 무함마드를 아브라함, 모세, 다윗, 예수를 충실하게 잇는 예언자로, 더 나아가 인류 최고, 최후의 예언자로 받든다. 그러면서도 앞선 예언자들을 배척하지 않는다. 도리어 무함마드의 메시지와 기존 유대-그리스도교의 가르침은 다르지 않다고 본다.

가령 쿠란에서는 유대-그리스도교 신과의 관계를 이렇게 규정하고 있다. "우리는 우리에게 계시된 것과 너희에게 계시된 것을 믿느니라. 우리의 하나님과 너희의 하나님은 같은 하나님이시니, 우리는 그분께 순종함이라"(29 : 46). 다른 곳에서는 이렇게 말한다.

"우리는 하나님을 믿고 우리에게 계시된 것과 아브라함과 이스마엘, 이삭, 야곱과 그리고 그 자손들에게 계시된 것과 모세와 예수가 계시받은 것과 선지자들이 그들의 주님으로부터 계시받은 것을 믿나이다. 우리는 그들 어느 누구도 구별치 아니하며 오직 그분(하나님)에게만 순종할 따름이나이다"(2 : 136). 쿠란의 이러한 가르침들로 인해 이슬람에서는 유대-그리스도인들을 같은 '성서의 백성'으로 존중하는 전통이 생겨났다.

이런 식으로 쿠란에서는 유대-그리스도인의 신과 이슬람의 신이 같은 분이라고 가르친다. 이런 신앙 속에서 이슬람은 자신의 영향력 하에 있던 유대-그리스도인들에게 신앙적 강요를 하지 않았다. 실제로 무함마드 사후 100년 동안 개종을 강요하는 일이 없었으며, 700년경에는 그러한 일들이 아예 법적으로 금지되었다. 유대인과 그리스도인을 무슬림과 구분은 했으되 심한 차별은 하지 않았다는 것이 이슬람 역사의 증언이다.

그러다 보니 성급한 사람은 유대-그리스도교의 야웨와 이슬람의 알라가 같은 신이 아니냐고 물을지도 모른다. 그러나 누가 알랴. 설령 그리스도인들이라도 아랍계인 경우는 응당 '알라'라는 아랍어를 사용하고 알라에게 예배를 드린다는 사실, 더 거슬러 올라가면, 이슬람에서는 알라를 야웨와 같은 맥락에서 보아왔다는 사실, 그리고 유대-그리스도인을 같은 '성서의 백성'으로 존중했다는 역사적 사실만이 중요할 뿐이다.

# 5

## 없는 것이 없다 힌두교

### 왜 힌두교인가

한국은 종교 백화점과 같다. 하지만 한국인 가운데 자신의 종교적 정체성을 '힌두교'로 규정하는 사람은 거의 없다. 그렇다고 해서 한국인이 힌두교와 무관하냐면 그렇지 않다. 힌두교적 세계관은 인도에서 생겨난 불교를 통해 이미 한국인의 정신 세계에 지대한 영향을 미치고 있다. 한국인이 습관처럼 사용하다시피 하는 업, 전생, 윤회와 같은 말은 기본적으로 힌두교적 세계관을 반영해준다. 그리스도교가 세계화하면서 유일회적, 종말론적 사고방식을 세계 곳곳에 심어놓았으나, 그러한 일회적 세계관과는 대척점에 있는 듯하면서도 오늘날 서양인들에게조차 점점 널리 받아들여지고 있는 것이 윤회적 세계관인데, 그 원천이 바로 인도, 범위를 조금 좁히면 힌두교에 있는 것이다.

힌두교적 정신은 이른바 '웰빙' 열풍에 따라 유행하고 있는 요가에서도 드러난다. 요가란 무엇인가? 신과의 합일 또는 진정한 자아의 회복을 위한 금욕적 수행 내지는 명상술이다. 윤회, 업보 등 힌두교의 기본적인 세계관을 바탕으로 인도에서 발생하고 발전한 마음 다스림의 수행법인 것이다. 더욱이 요가는 인도에서만큼은 아니지만, 한국에서도, 더 나아가 거의 전 세계에 걸쳐 대표적인 심신수행 기술로 자리잡았으니, 이것이야말로 힌두교의 세계적 영향력을 말해준다. 스스로를 힌두교인이라고 말하는 한국인이 거의 없다지만 그렇다고 해서 그 영향력까지 간과할 수 없는 것은 한국인이 유교인이라는 자의식은 그다지 갖고 있지 않으면서도 대다수가 유교적 질서에 따라 움직이는 것과 어느 정도 유사하다고 하겠다.

## 광의의 힌두교

힌두교를 정의하기는 쉽지 않다. 그리스도교나 이슬람처럼 역사적 탄생과 전개가 비교적 명확하고 교리화한 제도 종교들은 어느 정도 체계적으로 설명된다. 하지만 힌두교는 상황이 좀 다르다. 흔히 힌두교를 넓은 의미에서 '인도인들의 신앙 양식 총체'라고 규정하곤 하는데, 그것은 힌두교가 그만큼 기원도 오래되고 또 다양하다는 뜻이다. 특정 교리 체계, 체계적 종교 조직, 특정 경전의 차원에서 힌두교를 규정하기는 힘들다는 말이다. 실상 '힌두Hindu'라는 말 자체도 기원전 15세기경 드라비디아인들Dravidians의 문화를 흡수해 인더스 강 유역에서 새로운 문명을 일으켰던 아리아인들Aryans에 대해 페르시아의 무슬림들이 '인더스 강 유역에 사는 사람들'이라는 의미로 12세기경 붙여놓았던 용어이다. 그런 점에서 힌두교는 '오랜 세월에 걸쳐서 인도인에게 익숙해진 신앙 양식 총체'를 일컫는 말이다. 명백한 기원, 교리, 조직 등으로 설명해낼 수 있는 여느 제도 종교들과는 확연히 다른 양상을 보여준다.

힌두교에는 인격적 유일신 신앙의 모습은 물론 다신교적 자연신 신앙과 같은 모습도 있다. 고도의 철학이 있는가 하면 저급한 듯한 원시 신앙의 양상도 보여준다. 특정 창시자도 없고 공통된 교리 체계도 없다. 2,500여 년 전부터 생겨난 엄격한 신분 사회에 여전히 기반을 두고 있으면서, 비록 갈등이 없는 것은 아니지만, 다양한 이질적 요소들이 비교적 조화를 이루며 공존하고 있는 곳이 오늘날 인도의 상황, 조금 좁히면 힌두교의 상황이다. 힌두교는 그만큼 복잡하다. 한마디로 인도인의 신앙 양식 총체로서의 힌두교 안에는 "없는 것이 없다"라는 말이 가장 적확한 규정일 듯싶다.

### 협의의 힌두교

물론 이러한 폭넓은 규정에 문제가 없는 것은 아니다. 오늘날 인도인 중에는, 이른바 힌두교인에 비해 소수이기는 하지만, 무슬림,

자이나교인, 불자, 시크교인도 있고, 그리스도인도 있기 때문이다. 물론 현대적인 의미에서 세속화한 무신론자도 있다. 그렇다면 더 좁은 의미의 정의가 필요하다.

이럴 때의 힌두교란 기원전 6세기경 사제 중심의 종교 전통을 거부하고 대중의 종교적 욕구를 반영하면서 일어난 신흥 종교 운동—불교, 자이나교 등—의 도전에 맞서, 기원전 2-3세기경 당시 인도의 사제들이 또다시 대중 문화를 흡수하면서 재정비한 포괄적인 형태의 종교적인 틀을 의미한다. 이른바 후기 힌두교이다. 힌두교가 인도인의 신앙 양식 총체라고 할 때 그 근간은 상당 부분 이 시기에 확립되었다. 현대 인도인들에게까지 가장 대중적으로 받들어지고 있는 쉬바Śiva나 비슈누Viśṇu 신앙이 이 시기 이후 본격화되었고, 각종 사회적 의무가 규정되면서 오늘날 인도 사회의 기틀이 마련된 것도 이 시기라는 점에서 그렇다. 힌두교의 주요 특징들을 시대적 흐름에 따라 정리해보자.

## 베다

아리아인들이 인도 북서부 지역에 들어와 드라비디아인들의 문명을 흡수하면서 2,000여 년에 걸쳐서 온갖 문헌들이 씌어졌는데 이를 총칭해서 '베다Veda, 지혜'라고 한다. 주로 신에 대한 예배와 제사 의식을 목적으로 생겨난 노래들로서, 예배 내지는 제사를 주관하는 사제들이 만든 것으로 보인다. 어떤 사제 계급이 썼느냐에 따라 「리그 베다」, 「사마 베다」, 「야주르 베다」, 「아타르바 베다」 등으로 나뉘는데, 종교사적으로 보자면 「리그 베다」가 가장 중요하다.

기원전 12세기경 씌어진 이 문헌에 따르면, 고대 인도는 전반적으로 자연주의적 다신 숭배 분위기가 주를 이루고 있었음을 알 수 있다. 자연 현상을 인과 법칙에 따른 기계적 체계로 보지 않고, 생동하는 신비스런 힘에 지배되는 살아 있는 존재로 파악한 것이다. 각 현상 배후에는 살아 있는 어떤 힘이 있다고 보면서 기도, 찬양, 제사 등의 행위를 통해 이 힘들과 인격적 관계를 맺으려 했는데, 이 힘들이 '데바deva'이다. 일종의 자연신으로서 바루나, 인드라, 아그니 등이 대표적이지만, 예전에는 이 가운데 폭풍의 신이자 전쟁의 신인 '인드라'가 중요했던 것으로 보인다.[1] 「리그 베다」에서는 당시 인도인들이 이러한 신들에게 제사를 바치고 기도하면서 신들로부터 건강, 장수, 풍작, 전쟁에서의 승리 등 현실적인 복을 얻으려고 했던 모습을 읽을 수 있다.

### 「우파니샤드」

각 베다에는 시간이 흐름에 따라 여러 층의 문헌들이 씌어지고 누적되어 왔는데, 그중에서 우리의 힌두교 이해와 관련하여 제일 중요한 것이 「우파니샤드」이다. 기원전 7세기경부터 씌어지기 시

1 오늘날에는 불의 신 아그니가 대중적인데, 특히 아그니는 지금까지도 갠지스 강변 화장터에 꺼지지 않고 타오르는 불의 모습으로 현존하면서 인도인에게 정화의 힘을 제공해준다.

작한 「우파니샤드」는 인도 사상의 원천을 이루는 고전적 문헌으로서, '베다의 맨 끝'에 있다 하여 '베단타'라고도 불린다. 여기서는 제사를 드림으로써 신들과 기복적인 차원의 관계를 맺는 수준에서 더 나아가, 다양한 인격적 힘들의 배후에서 하나의 근원적인 실재를 찾아내려는 움직임을 보여준다. 무엇보다 다양한 현상 세계 근저에서 통일적 실재를 보고 있다는 점에 「우파니샤드」의 철학적, 종교사적 의의가 있다. 여기서는 유한한 현상 세계를 그 근거가 되는 영원한 실재와 구분해 말하면서, 그 실재에로 나아가야 한다는 주장을 편다. 그 영원한 실재가 '브라흐만'이다. 브라흐만은 현상 세계 안에 제한되지는 않지만, 그렇다고 무관하지도 않다. 브라흐만과 현상 세계의 관계는 마치 거미와 거미줄, 금과 금그릇, 악기와 악기 소리 등의 관계와 같다. 현상은 다양하고 차별적인 듯하지만, 근원에서는 하나로 통한다는 사상인 것이다.

## 범아일여와 해탈

인간 역시 그 근원, 즉 브라흐만과 통하는 그 어떤 본질을 지니는 존재이다. 인간의 내적 자아를 산스크리트어로 '아트만'이라고 하는데, 그렇다면 아트만과 브라흐만은 서로 다른 실재가 아니다. 인간 자아의 본질인 아트만과 우주의 본질인 브라흐만은 동일하다. 그것이 '범아일여梵我一如' 사상이다. 산스크리트어로는 "tat tvam asi(네가 그것이다)"라고 표현하는데—"aham brahma asmi(내가 브라흐만이다)" 라는 표현도 나온다—, 이것은 인간을 소우주로 간주하는 동양적 세계관 내지는 인간관의 전형적인 모습을 보여준다.

'범아일여' 야말로 「우파니샤드」에서 말하는 최고의 지식이자 진리이다. 이러한 진리를 깨친 사람은 모든 욕망과 두려움에서 해방된다. 진정한 자기 자신이 곧 브라흐만이므로, 그 외에는 따로 원할 것도 두려워할 것도 없는데, 바로 그 진정한 자기 자신을 얻었기 때문이다. 이러한 깨달음에 도달하는 것이 바로 '해탈mokṣa' 이다. 그것은 단순한 지적 만족이 아니라, 지속적인 명상과 수행을 통해 도달된, 욕망과 고통에서 자유로워진 순수 의식 상태라고 할 수 있다. 이러한 상태에 다다름으로써 모든 업보로부터 자유로워지고 윤회에서 벗어나는 것이다. 나중에 발흥한 자이나교, 불교 등의 사상도 결국은 이 인간의 내적 자아를 근원적으로 회복하는 데 그 최종 목표를 두어왔다고 할 수 있다.

## 업, 윤회, 카스트

이 내적 자아를 회복하지 못하게 하는 것은 인간의 무지avidyā이다. 무지로 인한 온갖 자취가 업karma이며, 그 업으로 인해 삶이 끝없이 반복된다는 것이 이른바 윤회saṁsāra 사상이다. 이런 개념들을 근간으로 하는 힌두교에는 전통적으로 최후의 심판, 참회, 속죄 등의 개념이 별로 없다. 그보다는 선행과 악행 등 인간의 행위에 따라 내생의 형태가 결정된다는 윤회 사상을 오래도록 지녀왔다.

이러한 업과 윤회 사상에 근거해 엄격한 사회 계급 제도도 생겨났는데, 이른바 카스트 제도—인도에서는 '바르나(피부색)'로 불린다—가 그것이다. 이미 「리그 베다」에서부터 인류는 본래 브라흐만(사제 계급), 크샤트리아(무사 계급), 바이샤(농공상인 계급), 슈드라(노예 계급) 등 네 계급으로 나뉘었다고 적고 있으니, 카스트 제도의 역사는 3,000년도 더 되는 셈이다. 이 제도의 관례에 따라 다른 계급끼리는 결혼은 물론 식사와 같은 일반적인 교제도 같이 하지 않는다. 그러한 분위기는 장구한 세월 동안 본질적으로 달라지지 않은 채 현재까지 이어져오고 있다. 그만큼 이 제도는 사회적 변화나 진보보다는 안정, 지속성을 제공해주는 경향이 있다. 이러한 계급적 정서는 급속한 변화를 도모하고 인간 개개인의 권리를 존중하는 세계적 조류 앞에서 인도 사회가 해결해야 할 최대의 난제이다.

### 후기 힌두교의 확립

고대 힌두교는 기본적으로 사제(바라문) 중심의 종교였던 까닭에 '바라문교'라고도 한다. 그러나 사제 중심적이었던 만큼 일반 대중과는 점차 괴리되기도 했다. 게다가 기원전 6세기경 생겨난 자이나교, 불교 등 새로운 운동들이 활발해지면서 기존 바라문교의 질서가 흔들리기 시작했다. 그러자 바라문교 사제들은 대중 문화를 흡수하고 사회 윤리 체계를 재정비하면서 기존 권위를 회복시키려는 노력을 기울였다. 그 결과 카스트 제도는 계속 유지되면서도 좀더

**갠지스**
바라나시를 남북으로 흐르는 인도인들의 성스러운 강. 특히 힌두교인들에게 갠지스 강에서의 목욕은 때를 씻는 행위가 아니라 죄를 씻고 신의 품에 안기는 종교적 행위이다. 강 주변에는 약 100여 개의 가트(Ghat: 땅에서 강으로 이어지는 계단)가 있으며, 다싸스와메드 가트가 널리 알려져 있다(사진). 기도하는 사람, 목욕하는 사람, 시신을 화장하는 사람, 구경하는 사람, 사진 찍는 여행객으로 북적대는 갠지스 강변은 종교적 순례지인 동시에 상업적 관광지이기도 하다.

대중화한 종교적 해탈의 방법이 제시되기에 이르렀다. 기존 해탈의 길, 즉 '범아일여'를 아는 지혜의 길이 지나치게 엘리트적이었다면, 신에 대한 사랑과 헌신을 통한 해탈이라는 대중적 구원의 길도 확립된 것이다. 이른바 후기 힌두교가 정립되어가기 시작한 것이다.

### 힌두교 사상의 정수, 「바가바드기타」

서력 기원을 전후해서는 후기 힌두교를 대표하는 대서사시인

「마하바라타」가 집성되기도 했다. 이 안에는 힌두교의 '바이블'이라는 「바가바드기타」가 포함되어 있는데, 여기서는 비슈누 신에 대한 사랑 속에서 여자나 노예도 해탈할 수 있다고 보았을 만큼, 당시로서는 획기적인 구원의 길이 제시되고 있다. 사랑, 자비, 용서의 신 비슈누는 자신의 신봉자들이 어려움에 처하게 되면 인간이나 동물 등 여러 모습으로 자신을 나타내어 이들을 보호해준다고 믿어졌다. 비슈누 신봉자들에게는 새로운 법을 가르치고 하나의 종단까지 확립한 붓다마저도 비슈누의 화신avatāra으로 간주되었다. 이러한 양상으로 인해 인도에서 불교는 점차 비슈누파의 신앙 체계 안으로 흡수되어갔다. 뿐만 아니라 이러한 포용성은 후에 이슬람의 위협 속에서도 힌두교가 유지될 수 있도록 해주는 원동력이 되었다.

이와 비슷한 시기에 편찬된 인류 최고의 사회 윤리 규범인 「마누 법전」, 「야즈나발캬 법전」은 종교적 가치인 해탈을 사회적 가치인 다르마와의 조화 속에서 실천할 수 있는 기틀을 마련해주었다. 인도인의 사회적 실천이 종교적 삶과 분리될 수 없는 근거도 이때 한 번 더 마련되었다고 할 수 있다. 이러한 바탕 위에서 참 실재는 브라흐만뿐이며, 다양한 현상 세계는 무지에 의한 브라흐만의 가현假現이라고 해석한 샹카라(788-820), 브라흐만이 유일 실재이되 인격성을 지닌 신으로 나타나기에 신애信愛의 대상이 된다고 본 라마누자(1056-1137) 같은 힌두교 최대의 사상가들도 태어나 활동할 수 있었다.

## 인도의 근대

13세기경에는 이슬람이 인도 북부를 석권했고, 16세기경 무굴제국을 건설하면서 인도 대부분을 지배했다.[2] 그러자 다양한 신을 섬기고 무수한 상을 만들던 힌두교 전통과 알라의 유일성을 강조하고 우상을 금지하는 이슬람 전통 간에 충돌이 일어났다. 알라 앞에서 만인의 평등을 얘기하는 이슬람 평등주의와 카스트 제도를 인정하는 힌두교 계급 전통도 서로 부딪쳤다. 이러한 갈등 상황 속에서 이슬람과 힌두교의 조화를 도모하던 나낙(1469-1539)을 중심으로 시크교가 탄생되기도 했지만, 그 뒤 인도에서 이슬람은 힌두교와의 사이에 긴장과 갈등의 불씨로 작용하는 경우가 많아졌다.

그러다가 17세기 들어 그리스도교 국가인 영국의 식민 지배를 받으면서부터 인도 사회에 또 다른 변화가 일어났다. 특히 힌두교 개혁자인 람 모한 로이(1774-1833)는 남편이 죽으면 부인도 함께 화장시키는 제도(수티), 열 살 미만 여사아이 소혼 제도 등을 폐지하는 운동을 벌이는 등 그리스도교의 개혁적 요소를 힌두교 안에 수용하고자 했다. 19세기의 라마크리슈나(1836-1886)는, 힌두 사상의 기본이 그렇기도 하지만, 특히 다양한 종교 현상들을 경험하면서 '산의 정상은 하나지만 그리로 오르는 길은 여럿'이라는, 오늘날 종교다원주의의 선구자적인 견해를 펼치기도 했으며, 이런 정신은 그의

2 그 영향으로 인도에는 여전히 1억 명 이상의 무슬림이 존재하며, 단일 국가로는 인도네시아에 이어 세계에서 두 번째로 무슬림이 많다.

제자인 비베카난다를 통해 확산되기도 했다.

이와 함께 20세기 초에는 간디(1869-1948)라는 평화주의적 힌두교 개혁자가 등장했다. 비폭력, 생명 친화적 진리에 대한 확신 속에서 인도의 독립을 도모했던 간디는 인도인에게 '위대한 영혼(마하트마)'이라고 불릴 만큼 큰 감화를 주었다.

인도는 고대와 현대, 원시와 첨단, 질서와 무질서, 그리고 다양한 종교와 사상이 공존하는 힌두교의 나라이다. 그 다양성과 복합성이 힌두교라는 이름으로 한데 묶일 만큼 힌두교는 인도인의 생활양식 거의 모든 곳에 스며들어 있다. 이 장의 제목 "없는 것이 없다"에 함축적으로 들어 있듯이, 힌두교는 그만큼 중층적이고 복합적이다. 이와 함께 21세기의 인도는 중국과 더불어 미래의 세계 경제를 이끌어갈 한 축으로 지목되는 나라이기도 하다. 그 인도가 앞으로 어떻게 변화해갈지, 그리고 다양한 인도의 철학 및 종교 문화가 전세계에 어떤 영향을 더욱 끼치게 될지 자못 궁금해진다.

# 6

## 동양적 정신의 정수 불교

### 세계 종교 지형의 변수

동양의 세계관을 가장 잘 보여주는 종교는 무엇일까? 중국, 한국, 일본 등 동아시아만을 놓고 보면 유교를 거론할 수 있을 것이다. 그러나 여기에다가 아시아의 또 다른 한 축인 인도와 태국, 미얀마 등 동남아시아까지 염두에 둔다면 단연 불교가 돋보인다. 더욱이 오늘날 불교는 미국, 프랑스, 영국 등 서양인들의 정신세계에까지 깊이 파고들어가고 있다. 곳곳에 티벳 불교, 일본 불교, 한국 불교 관련 사찰과 선방이 늘어가는 등, 서양 사회에서 불교의 영향은 이제 더 이상 간과할 수 없는 실정이다. 불교를 모르고서는 한국을 위시한 동양의 세계를 알 수 없을 뿐더러, 21세기 서양인의 종교적 지형을 예측할 수 없다고 해도 과언이 아니다. 불교를 보면 한국이 보이고 동양이 보이며, 바로 이 땅에 뿌리를 박고 살아가고 있는 우리들 내면의 모습을 더욱 잘 볼 수 있게 된다. 그리고 더 나아가 세계를 보는 것이기도 하다.

힌두교의 세계관을 배경으로 해서 성립된 불교는 힌두교가 그렇듯이 종교성 자체가 대단히 포괄적이어서 이질적일 만큼 다양한 모습들을 하고 있다. 신과 인간, 인간과 자연을 분리시키거나 주종主從 관계에서 파악하지 않으며, 어떤 때는 일신교적인 듯하면서도 어떤 때는 다신교적이고, 어떤 때는 유신론적인 듯하면서 어떤 때는 무신론적이다. 온갖 가르침들이 복합적으로 얽혀 있는 듯하면서도, 인연因緣, 무아無我, 불성佛性 등의 개념을 중심으로 명확하게 체계화되는 전 인류의 가르침이 바로 불교이다. 좀더 구체적으로 살펴보자.

## 옷깃만 스쳐도 인연

우리가 흔히 하는 말 중에 "옷깃만 스쳐도 인연"이라는 말이 있다. 인연은 '인因'과 '연緣'의 복합어이다. '인'이 어떤 사건의 직접적인 원인이라면, '연'은 그러한 인이 구체화될 수 있게 도와주는 이차적 요인들이다. 씨앗이 나무 한 그루의 '인'이라면, 물, 공기, 햇빛은 그 나무의 '연'인 셈이다. 인과 연이 만나야 무슨 일이든 벌어진다. 한 송이 꽃이 피어나고, 풍성한 열매가 맺어진다. 이것을 인연생기因緣生起라 한다.

이 인연법에 따르는 종교가 바로 불교이다. 세상만사를 인과 연의 만남으로 파악하면서, 사건이나 사물 자체의 독자성을 보지 않는다. 이 글을 쓰는 '나' 역시 부모님의 '씨앗들'이 서로 만나〔因〕 인간의 형태가 이루어진 뒤 온갖 음식을 받아먹으며〔緣〕 오늘날 이런 모습으로 변해왔다. 부모님의 '씨앗'은 또 어디서 왔는가? 그것은 하늘에서 내려주는 빗물과 땅속의 영양분을 빨아들여 자란 논밭의 오곡백과를 먹고 만들어졌다. 그러니 엄마와 아빠의 씨앗 속에, 그로 인해 생겨난 내 안에 삼라만상이 이미 들어 있는 셈이다. 더욱이 수십억 년 동안 비추고 있던 햇빛과 유유히 흘러온 강물을 받아들여 자란 것들이 내 속으로 들어와 나의 생명이 되었으니, 내 현재 삶 속에는 이미 수십억 년의 세월도 녹아 있는 것이다. 그 엄청난 물 중에 하필 그 물방울을 빨아들인 그 풀잎을 내가 먹고 지금 이렇게 글을 쓰고 있으니, 이것이 바로 인연의 실상이다. 하고많은 사람들 중에 하필 그이와 이 큰길에서 옷깃을 스치다니, 이것이 보통 인연이란 말인가! 이 책을 읽고 있는 독자와의 인연이야 더 말해 무엇하랴.

이러한 것들이 바로 석가모니 부처님(기원전 563-483)의 통찰이다. 오늘 내가 '나'된 것은 나 혼자의 힘이 아니라, 부모에, 자연에, 삼라만상에 빚지며 살아온 결과라는 뜻이 인연에는 들어 있다. 세상만사는 너 없이는 나도 존재할 수 없는 상호 의존적 관계에 있다는 것이다. 이것은 저것을 조건으로, 즉 '연하여 일어나게〔緣起〕' 마련이다. 모두 상대적相對的이다. 그래서 붓다는 이렇게 가르쳤다.

> 이것이 있기 때문에 저것이 있고,
> 이것이 생겨나기 때문에 저것도 생겨나며,
> 이것이 없으면 저것도 없으며
> 이것이 없어지면 저것도 없어진다.
> 此有故彼有 此生故彼生
> 此無故彼無 此滅故彼滅
>
> —『잡아함』 15권

### '나'는 없다!

이러한 인연법, 연기緣起는 불교 사상의 기초이다. 이것은 '나'라는 실체가 독자적으로 있는 것이 아니라, '너'와의 관계 속에서 상대적으로, 그것도 일시적으로만 존재하는 것일 뿐이라는 가르침을 담고 있다. 그것은 필연적으로 '무아론無我論'과 연결된다. '무아'란 말 그대로 '나'라는 실체는 없다는 뜻이다. 세상만사는 서로 얽혀 존재한다. 어디에든 독자적으로 존재하는 영원한 실체란 없다. '너'가 있으니 '나'도 있는 것이지, 너 없는 나란 있을 수 없다. 부모 없는 자식, 선생 없는 학생, 안 없는 밖, 작음 없는 큼, 어둠 없는 밝음 등도 마찬가지이다. A 없이 어찌 B가 있을 수 있겠는가? 1 없는 2는? 기둥 없는 지붕은? 세상만사는 이렇게 서로를 조건으로 해서만 존재하고 생겨나고 사라진다.

이것은 모두 '나'가 없음을 말해준다. 독자적이고 불변하는 영원한 본질, 실체란 없다. 한마디로 무상無常하다. 행복을 추구하지만 그 행복 자체는 물론 행복을 추구하는 '나'의 실체 역시 따로 있는 것이 아니니, 그 어찌 '괴로움〔苦〕'—붓다는 세상만사를 '괴로움'으로 파악했다—이 아니랴. 이것을 모른 채 언제나 '나'를 전제하며 '나'의 욕구를 채우기 위해 아옹다옹하며 살아가는 사람들이란! 바로 이 '나'가 없음을 깨달으면 모든 집착에서 벗어나 대자유의 세계인 열반涅槃에 이른다. 이것을 결정적으로 보여준 이가 붓다Buddha이다.

## 붓다의 삶과 부처님의 호칭

붓다의 본래 이름은 고타마 싯달타이다. 아주 정확한 수치는 아니지만, 고타마는 기원전 563년 인도 북부 히말라야산 기슭에 있는 사캬〔釋迦〕족의 왕자로 태어났다. 태어난 지 7일 만에 어머니와 사별하고 이모 손에서 자라게 되었지만, 아버지 슛도다나왕의 보호 아래 온갖 환락과 사치를 누리며 왕궁 안에서 편안하게 살았다. 열여섯 살 때 야소다라와 결혼하여 아들을 하나 두기도 했다. 그는 아들의 이름을 라훌라라고 지었다. 그러나 다행인지 불행인지 그는 왕궁의 호사스런 세속적 생활에 염증을 느끼게 되었다.

무엇보다 그를 괴롭힌 것은 사람이 태어나서는〔生〕 늙고〔老〕 병들고(病) 결국은 죽게 된다(死)는 당연한 사실이었다. 아주 단순한 듯하지만 그 누구도 쉽사리 풀지 못하는 인생의 근본적인 문제의식에 격정적으로 사로잡히게 되었다. 결국 그는 왕자로서의 안락한 생활을 포기하고 이 문제를 풀기 위해 스물아홉 살 되던 해 왕궁을 박차고 나온다. '위대한 출가'이다.

그 후 6년에 걸쳐 극단적 고행을 하던 어느 날 저녁 그는 명상 속에서 수천 번 이상 계속되었던 자신의 전생의 모습들을 기억해내게 되었고, 사람들은 스스로 행한 업業에 따라 태어나고 죽는다는 사실을 비롯하여, 세상의 괴로움(苦)과 그 원인(集) 및 괴로움이 사라진 상태(滅, 涅槃)와 그 상태에 이르는 여덟 가지 길(道, 구체적으로 八正道) 등을 깨닫게 되었다. 그리하여 '깨달은 이', 즉 '붓다 Buddha'가 되었다. 이것을 한자로 음역하면 '불타佛陀'이고, 석가족의 성자라는 뜻에서 '석가모니(釋迦牟尼, Śākyamuni)' 내지는 석가족 출신 중 세상의 존귀한 이라는 뜻으로 '석가세존(釋迦世尊, 줄이면 釋尊 또는 世尊)'이라고 불리게 되었다. 그의 깨달음은 왕궁의 편안한 생활을 버리기로 결심한 그 쉽지 않았던 순간에 이미 잉태되어 있었던 셈이다.

## 열반, 해탈, 입적

붓다는 깨달음을 얻은 뒤 45년 동안 제자들을 키우며 가르쳤다. 그리고 초기 제자단을 이끌었다. 그 무언가를 소유할 '나'가 그 안에는 전혀 없었기에 철저하게 무소유의 삶을 살았다. 그러다가 80세 되던 해 열반에 들었다.

'열반涅槃'이란 산스크리트어 '니르바나nirvāṇa'의 한자어 음역으로서, 타오르던 번뇌의 불꽃이 '꺼져버린' 상태를 뜻한다. 번뇌와 탐욕이 꺼져버렸으니 그곳은 고요함의 세계이다. 그래서 '적멸寂滅'이라고 번역한다. 흔히 불가에서 죽음의 대용어로 사용하는 '입적入寂'이라는 말이나 '열반에 든다'는 말은 이러한 고요함의 상태 속으로 들어갔다는 뜻이다. 물론 그것은 일단 육체의 죽음을 뜻한다. 하지만 종교적 차원에서 보면, 거기에는 육체의 한계로부터 오는 신체적 집착은 물론 일체의 정신적 집착으로부터도 자유로워졌다는 뜻이 들어 있다. 불교는 바로 이러한 열반을 추구하는 종교이다.

이러한 열반의 경험은 사후에는 물론 생시에도 가능하다. 살아서 하는 완전한 행복과 평화의 경험을 흔히 생해탈生解脫 혹은 유여열반有餘涅槃이라고도 한다. 이러한 열반은 한마디로 붓다의 깨달음과 같은 것이며, 일체의 속박으로부터 자유로운 상태이다. 신화적 세계관에 따르면, 해탈은 업業에 따라 돌고 돌던 윤회의 사슬에서 벗어나는 것이지만, 탈신화해서 해석하면, 그것은 살아서든 죽어서든 아무 데도 얽매임이 없는 대자유의 세계를 뜻한다. 그렇게 보면, 깨닫고 난 세계가 바로 열반이자 극락極樂이고, 깨닫지 못한 무지의 세계가 바로 지옥地獄이 된다. 흔히 극락과 지옥을 사후 세계의 전형처럼 간주하기도 하지만, 사실 불교는 사후 세계에 대한 기대보다는 살아서 붓다의 깨달음과 같은 것을 추구하는 수행의 종교라고 할 수 있다.

## 신처럼 받들어지다

붓다의 깨달음, 삶과 실천은 온 세계를 울렸다. 그의 깨달음이 하도 독창적이고 놀라우며 그 영향력이 워낙 크다 보니 후세 사람들은 그를 신격화하기도 했다. 마치 하느님만큼 높은 반열에 올라간 예수처럼, 붓다는 그의 엄청난 공덕을 나누어 받기를 원했던 사람들에게 기도의 대상이 되기도 했다. 살아생전 행한 붓다의 가르침은 그 어떤 집착도 떨쳐버린 무아적 삶을 살아야 한다는 것이었지만, 그와 상관없이 상당수 추종자들은 그에게 집착하면서 그의 모습을 그리워하고, 더 나아가 그를 어떤 신보다도 더 능력 있는 신처럼 숭배했다.

물론 생전의 붓다는 스스로를 신격화하지 않았다. 가령 붓다는 열반에 들면서 제자들에게 다른 것에 의지하지 말고 그가 가르친 법(法, 진리)에 의지하고, 저마다 자기 자신〔自〕에게 의지하라고 가르쳤다. 이때 '법'이라는 것은 앞에서 말한 '연기', '무아'의 진리를 말하는 것이고, 자기 자신을 의지하라는 것도 궁극적으로는 인간사의 근원, 자기 내면의 본 모습을 볼 수 있어야 한다는 뜻이었다. 붓다 자신이 최후로 남긴 말도 "모든 인위적 현상은 사라지게 되어 있으니, 부지런히 수행하여 목적을 달성하라"는 내용의 것이었다. 이런 식으로 붓다는 애초부터 특정 인물이 아닌, 자신이 가르친 법에 따라 살 것을 요청했다.

그러나 사람들은 붓다 사후 '저분은 어떻게 해서 저렇게 놀라운 깨달음을 이루셨는지, 내 미천한 능력으로는 도저히 거기에 미치지 못하겠으니, 그 크신 능력을 내게도 나누어달라'는 염원으로 붓다를 숭배하기 시작했다. 붓다의 유골을 담은 탑 주위를 시계 방향으로 돌면서 꽃이나 촛불을 바치는 탑돌이도 이미 붓다 사후 오래 되지 않아 시작된 것이었다. 그리고 깨달음의 선포에 나서기 직전에 네 악마의 시험을 받았지만 동요하지 않고 그 유혹을 물리친 기사는 늘 악의 유혹에 노출되어 있는 보통 사람들에게는 위대한 일로 비춰졌다. 그분이야말로 가장 능력이 뛰어나신 분〔大雄〕이었다. 절의 한복판에 있는 대웅전大雄殿은 사람들이 이러한 그분의 능력을 기리고 받드는 공간인 셈이다. 인도의 초기 불교 시절부터 붓다는 그 어떤 신들보다 더 큰 신이 되었고, 한국에서도 불자들에게는 최상의 신처럼 받아들여지기도 한 것이다. 그리고 집을 떠나 고행해야 하는 출가자 중심의 어려운 수행의 길보다 이렇게 신으로서의 붓다에 의존하는 '쉬운 길'이 등장하면서, 서력 기원을 전후한 시기에 그 쉬운 길을 따르는 사람들을 중심으로 이른바 대승 불교大乘佛教가 생겨나게 되었다.

### 보살 신앙의 등장

물론 불교의 핵심은 본래 붓다라는 특정 인물을 숭배하는 데 있다기보다는 그의 가르침을 따라 살고 수행하면서 결국은 붓다처럼 되는 데 있다. 이에 따라 붓다 사후 많은 출가승들은 차마 출가까지는 못 하고 사는 재가 신자들의 보시를 받으며 이상적인 상태에 이르기 위한 수행에 전념했다. 그 이상적인 인간상을 아라한arhat이라고 불렀는데, 이는 세상으로부터 벗어나 일체의 번뇌를 끊어버린 당시로서는 완전한 성자의 경지였다. 이를 추구하던 이들은 자연스럽게 세속으로부터 분리된 삶을 살았다.

그러나 다른 한편에서 아라한은 일반 대중과는 무관한 이른바 종교적 이기주의자처럼 비춰지기도 했다. 그러자 중생의 고통을 외면하고 자신의 해탈에만 힘쓰는 엘리트주의적 수행이 과연 자신의 법을 대중에게 두루 전하고자 했던〔轉法輪〕 석가모니 부처님의 가르침과 어울리는 것인가 하는 물음을 던지는 이들이 생겨났다. 주로 쉬운 대중적 종교의 길을 추구하던 이들을 중심으로 새로운 이상적 존재를 추구하게 되었으니, 그것이 보살이다.

보살은 '깨달음bodhi을 추구하는 존재sattva', 즉 '보디사트바'의 한자식 음역인 '보리살타菩提薩陀'의 줄임말이다. 대중 속에서 해탈을 지향하는 존재라 할 수 있겠다. 보살 운동가들은 석가모니도 붓다가 되기 이전 생에는 보살이었으니, 이 보살의 길을 걷는 것이 결국 붓다의 길을 걷는 것이라 믿게 되었고, 그것은 생사의 세계 안에서 이타적 삶을 실천하는 가운데 이루어진다고 보았다. '위로는 깨달음을 구하고 아래로는 중생을 교화하는〔上求菩提 下化衆生〕' 보살의 이념도 생겨났다. 이러한 사상은 주로 탑돌이 신앙인들에 의해 급격하게 보편화되기 시작했다.

### 불제자의 길

보살은 이처럼 대중 속에서 깨달음을 추구하는 존재이다. 그렇게 깨친 이를 붓다라고 하는 것이다. 그런데 어떻게 해서 붓다가 될 수 있는 것일까? 이러한 고민 속에서 일종의 깨달음의 형이상학이 발전하게 되는데, 그것이 곧 불성론佛性論이다. 중생이 붓다처럼 될 수 있는 근거는 일체 중생 안에 그 붓다의 성품, 즉 불성이 들어 있기 때문이라는 것이다. 가령 『열반경』에서는 이렇게 말한다. "일체 중생은 모두 불성을 가지고 있다〔一切衆生悉有佛性〕." 이러한 원리에 따라 수행과 명상을 통해 이 불성을 실현함으로써 스승과 동일한 깨달음을 이루고자 노력하는 사람이 곧 불제자인 것이다.

그러나 일반 민중이 붓다처럼 되려고 붓다가 걸어간 길을 똑같이 걸어가기는 쉬운 일이 아니다. 그래서 사람들은 자신이 붓다와 같은 깨달음을 얻는 데 붓다의 뛰어난 힘을 빌리고자 했다. 물론 궁극적으로는 그러한 수단에조차 매이지 않는 것이 진정한 불교적 실천이지만, 방편적인 차원에서는 붓다처럼 되는 데 붓다도 수단이 될 수 있음을 보여주는 예인 것이다.

더욱이 붓다의 가르침 자체가 어떤 것 하나만 옳다고 주장하며 교리를 앞세우는 것이 아니기에, 이것만 불교적인 것이라며 불교를 특정한 틀 안에 가두는 행위는 도리어 비불교적이다. 궁극적으로는 어떤 틀이나 교리를 넘어설 때 불교가 이루어지는 것이기 때문이다. 붓다의 말마따나, 뗏목을 타고 강을 건넜으면 그 뗏목은 버려야 하는 것이다. 뗏목을 지고 산으로 갈 수는 없는 노릇이다. 붓다의 이 비유에는 어떤 것에든 집착해서는 안 된다는 뜻이 들어 있다. 붓다를 신으로 받드는 행위는 붓다의 가르침 속에는 들어 있지 않았지만, 그렇다고 해서 오류라고 말할 수 없는 것이 불교이다. 붓다마저도 부정하고 넘어서려는 수행자나 그 붓다에 전적으로 의지하려는 대중이나 모두 저마다 다양한 방식으로 그 붓다의 가르침을 실천하는 셈이기 때문이다. 거기에 질적인 차이가 있을 수도 있겠지만, 다양한 자세들이 모두 불교인 것이다.

심지어는 각 지역의 온갖 민간 신앙도 불교 안으로 들어온다. 가령 우리나라의 절에는 인간의 수명을 담당하는 칠성신七星神과 산신을 모셔놓은 칠성각이 있고, 지옥에서 중생을 구제하는 지장보살을 모시는 명부전冥府殿에는 중국에서 들어온 도교의 시왕〔十王〕들이 들어가 그를 보좌하고 있다. 붓다의 정신, 즉 붓다를 붓다되게 해준 그 붓다의 성품〔佛性〕을 실현하는 것이라면 어떤 형식이든 불교적인 것이 될 수 있음을 보여주는 예들이다. 불성을 실현하는 방법은 저마다의 능력〔根機〕에 따라 다양하게 이루어지는 것일 수밖에 없음을 뜻한다. 긍정적으로 표현하자면, 이것은 기본적으로 불교가 그 어떤 한 가지에만 집착하지 않는 포용적인 종교임을 보여준다.

## 스님이라는 말

그러나 이런 것들은 어디까지나 대중적이고 방편적인 것이지, 최종적인 것은 아니다. 어찌 되었든 불교적 실천의 핵심은 '나'를 비우고 무집착을 실현하는 데 있는 것이고, 붓다처럼 되는 데 있는 것이기 때문이다. 불자들은 이를 추구한다. 특별히 출가해서 붓다의 깨달음을 이루려는 이들을 우리말로 '스님'이라 부른다. 일설에 따르면, 스님은 스승님의 줄임말이라고 하지만, 아직 이에 대해 구체적으로 밝혀진 바는 없다. 어찌 되었든 불교의 수행자, 즉 스님은 세상에 대한 무집착을 온몸으로 실현하려는 이들이다. 이것은 산스크리트 어원에서도 드러난다.

널리 알려진 대로, 남자 스님을 한자로는 비구比丘, 여자 스님을 비구니比丘尼라고 부르는데, 비구/비구니는 산스크리트어 빅슈bhiksu/빅슈니bhiksuni(bhiksu의 여성형)를 한자로 음역하여 표기한 것이다. 그런데 그 뜻이 재미있다. 비구/비구니란 '빌어먹는 이'라는 뜻이다. 우리말로 '거지'라 표현해도 지나치지 않은 해석이다. 왜 빌어먹는 이인가? 전적으로 자기 소유를 두지 않기 때문이다. 주는 대로 먹고, 없으면 굶기도 밥먹듯 한다. 인도에서는 철저한 무소유의 정신에 따라 옷 한 벌 걸치지 않은 채 나체로 수행하기도 한다. 무엇에 집착하며 그것을 달라고 요구하지 않는다. 보통은 스님들이 육식을 하지 않는 것으로 되어 있지만, 초기 불교에서는 그렇지 않았다. 고기를 주면 고기를 먹고, 밥을 주면 밥을 얻어먹는 것이 빌어먹는 이, 즉 비구/비구니였기 때문이다. 그러니 아무리 작더라도 식탐을 가져서는 안 될 뿐더러, 재물을 소유하는 것도 일체 금지되어 있었다. 육류를 피하는 등 음식을 가려 먹고, 약간의 돈도 지닐 수 있게 된 것은 교단이 어느 정도 제도화되고 난 이후의 일이다. 이 불교가 중국으로 전해졌고, 중국에서 한국으로, 다시 한국에서 일본으로 전해지면서 동아시아 사상의 중심축으로 자리잡게 되었다.

### 한국의 불교

공식적인 기록에 따르면 한국에 불교가 처음 들어온 것은 고구려 소수림왕 때였다(372년). 그리고 백제에는 그로부터 12년 뒤인 침류왕 원년(384년)에 소개되었다. 신라는 고구려와 백제를 통해 중국의 불교를 받아들였다. 물론 실제로는 그보다 더 이전으로 판단되지만, 정확한 연도를 알기는 힘들다. 또 이러한 삼국 시대 초기의 불교 형태가 어떤 것이었는지도 정확히 알기 힘들다. 하지만 조선 후기에 프랑스, 미국 등지에서 들어온 그리스도교가 단순히 종교 생활의 영역에만 영향을 준 것이 아니듯이, 삼국 시대의 불교 역시 선진 사상과 문화의 총체로 받아들여졌다. 불교는 한국에 육체적 죽음 너머의 세계를 알려주었고, 종교적 삶이라는 것이 무엇인지 그 정수를 알려주었다. 불교가 한국의 문화와 정신 세계에 끼친 영향은 한국 역사와 문화 안에서 별도로 구분해볼 수 없는 상황이다. 신라 시대의 원효元曉와 의상義湘, 고려 시대의 의천義天과 지눌知

**제등 행렬**

번뇌가 어둠이라면 지혜는 밝음이다. 석가탄신일이 국가 공휴일이 되면서 각종 장엄물들과 부처님의 지혜를 상징하는 연꽃등을 들고 거리를 걷는 제등 행렬의 규모는 나날이 커지고 있다. 지역별로 진행되지만, 10만여 명이 참석하는 서울 제등 행렬 규모가 제일 크다. 사진은 2003년 석가탄신일에 있었던 스님들 제등 행렬의 한 장면.

訥, 조선 시대의 서산西山과 사명四溟, 근세의 만해卍海를 비롯한 한국의 대표적인 사상가들의 절반 이상이 불교 승려들이라는 사실, 그리고 한국의 대표적인 문화재의 7할 이상이 사찰이라는 사실이 그것을 보여주는 예들이다.

## 선과 화두

불교는 크게 교종敎宗과 선종禪宗으로 나뉜다. 흔히 경전의 주석적 연구를 중시하는 종파를 넓게 얘기해 교종이라 한다면, 마음의 깨달음을 중시하는 종파를 선종이라 한다. 흔히 '교'가 부처님의 말씀이라면, '선'은 부처님의 마음이라는 비유를 들기도 한다. 따라서 이 두 가지 중 어느 하나도 소홀히 하지 않는 것이 관례이다. 한국 불교의 역사 안에서도 늘 이 두 흐름은 병행되어왔다. 그러나 현재 한국의 불교는 적어도 그 형식에 있어서는 주로 선禪을 표방한다. 선이란 무엇인가?

종교적 명상, 직관적 사유를 산스크리트어로는 댜나dhyāna라고 하는데, 그것을 한자로 음역한 것이 선나禪那, 줄여서 선禪이다. 이 '선'은 문자적 추론의 결과가 아닌, 자기 마음의 본성에 대한 직관적 깨달음의 세계이다. 이러한 세계를 중시하는 일단의 흐름으로부터 이른바 선불교가 생겨난 것이다. 전승에 따르면, 석가모니 부처님이 대중에게 설법을 하시다가 느닷없이 한 송이 연꽃을 들어 보이셨는데, 대부분 그 영문을 몰라 웅성댔으나 제자 중 가섭 존자만이 홀로 미소를 지어 답을 대신했다고 한다. 이 이야기는 문자나 언어의 세계가 아닌, 마음에서 마음으로 전해지는〔以心傳心〕 세계에 진리가 놓여 있음을 말해주고 있다. 그 진리는 일체의 분별심이 타파된 고요한 세계이면서도, 어떤 틀에도 매이지 않는 우렁찬 대자유의 세계이기도 하다. 이러한 정신과 수행법이 선종이라는 이름으로 중국화하면서 신라 시대에 우리나라로 전해졌고, 오늘날에는 우리나라 불교의 대다수를 차지하게 되었다.

물론 우리나라 절에서도 경전 공부를 열심히 한다. 하지만 궁극적으로는 그 경전을 넘어서는 것을 목표로 한다. 이를 위해 선불교에서는 수행자를 깨달음으로 이끌어줄 만한 스승들의 간결한 답변, 즉 화두話頭를 들고 좌선에 임한다. 가령 "부처란 무엇입니까?" 라는 어떤 스님의 물음에 대해 중국의 운문선사가 "똥막대기다" 라는 엉뚱한 답을 한 바 있는데, 그 '똥막대기' 라는 답이 일종의 화두이다. 또 어떤 승려가 조주선사에게 "개에게도 불성이 있습니까?" 하고 묻자 조주가 "무無" 라고 대답했을 때 그 '무' 도 화두이다. '무' 는 '있다' 에 상대되는 '없다' 가 아니다. '아니 삼라만상에 불성이 깃들어 있다고 해놓고 왜 개에게는 불성이 없다(無)고 말씀하시는가, 말이 안 된다, 왜 그렇게 말씀하셨을까' 하며 고민하다가 그렇게 고민하는 질문자로 하여금 어느 순간 불현듯 깨닫게 인도해주는 화두인 것이다.

'무' 라는 답과 '개의 불성' 이라는 물음, '똥막대기' 라는 답과 '부처' 라는 물음에는 아무런 상관관계가 없다. 그런데도 그렇게 답을 하는 이유는 물음에 대한 논리적 추론을 끊어 머릿속으로 분별하여 따지는 행위 자체를 아예 불가능하게 만들기 위해서이다. 화두는 나의 존재 방식 자체를 근원적으로 문제 삼게 해주는 선사들의 짧은, 그러나 추상과 같은 말씀이다. 이 화두를 참구하면서 가부좌를 틀고 앉아 사물의 진상을 파악하는 불교의 수행법이 이른바 좌선坐禪이다. 분별적 사유를 넘어 '나는 무엇인가' 를 온몸으로 확인하는 자기 탐구 과정인 것이다. 좌선은 요즈음 일반인들에게까지 정신 수양의 적절한 수단으로 받아들여지고 있기도 하다.

## 대한불교조계종

우리나라 불교에는 조계종을 위시하여 태고종, 천태종, 진각종 등 다양한 종파가 있다. 이 가운데 단연 최대의 종단은 조계종(정식 명칭은 大韓佛敎曹溪宗)이다. 그런데 이 조계종이 바로 선종이다. 조계종이라는 이름은 고려 시대에 시작되었고, 조선 시대에 하나의 종단으로 확립되었다. 주지하다시피 조계종은 결혼하지 않는 것을 원칙으로 하는 비구/비구니 중심의 종단이다. 그러나 일제 강점기에는 일본의 강압으로 인해 일본식 대처帶妻 불교로 바뀌었다. 그러다 해방 후 '대처승은 사찰에서 물러가라'는 이승만의 정화유시정책(1954년)으로 옛 모습을 찾아가기 시작했다. 하지만 이 정화유시정책은 사실상 비구승들과 대처승들의 분열과 갈등을 야기시키고 한국 불교계를 혼란의 소용돌이 속으로 몰아넣는 결과를 낳고 말았다. 그러한 사태가 가까스로 수습되던 1962년에 현재의 명칭인 대한불교조계종으로 확정되었다가, 같은 해에 비구승 종단의 대한불교조계종과 대처승 종단의 한국불교태고종으로 분리되어 오늘에 이르고 있다.

## 성철 스님

대한불교조계종의 정신적 지도자이자 사실상의 최고 수반을 종정宗正이라 한다. 근대적인 의미의 종정 제도는 1962년에 시작되었는데, 역대 종정 중 일반인에게까지 가장 널리 알려진 분은 효봉 스님, 청담 스님, 그리고 성철 스님과 같은 분들일 것이다. 이 가운데 성철(性徹, 1912-93) 스님은 20세기 불교계의 가장 탁월한 스승이자 사상가로 평가된다. 특히 1981년 7대 종정 취임 법어 때 남긴 "산은 산이요 물은 물"이라는 구절은 일반인들에게 회자될 정도로 우리나라 선불교의 진작에 공이 크다. 그는 평생 다음의 수행 지침을 세워 그대로 실천했다. 1) 하루 네 시간 이상 자지 않는다. 2) 벙어리같이 지내며 잡담하지 않는다. 3) 문자에 집착하지 않는다. 4) 포식, 간식을 하지 않는다. 5) 적당한 노동을 한다. 이러한 개인적 실천과 함께 그는 기복적 신앙 행위에 머물러 있는 일반 신자들에게, 그리고 이들의 구미에 맞는 신행관을 제공하며 양적 팽창을 추구하던 사찰에 참된 불공의 자세는 이런 것이라고 가르쳤다.

> 집집마다 부처님이 계시니 부모님입니다.
> 내 집안에 계시는 부모님을 잘 모시는 것이 불공입니다.
> 거리마다 부처님이 계시니 가난하고 약한 사람들입니다.
> 이들을 잘 받드는 것이 참된 불공입니다.
> 발밑에 기는 벌레가 부처님입니다.
> 보잘것없어 보이는 벌레들을 잘 보살피는 것이 불공입니다.
> 머리 위에 나는 새가 부처님입니다.
> 날아다니는 생명들을 잘 보호하는 것이 참불공입니다.
> 수없이 많은 이 부처님께 정성을 다하여 섬기는 것이 참불공입니

다……

이러한 성철 스님의 정신과 자세, 그리고 그의 철저한 수행이 세간에 알려지면서 한국 불교에 대한 외부인들의 선입견이 한결 긍정적으로 개선되었고, 조선 시대, 일제 강점기를 거치면서 침체에 빠졌던 한국 불교에는 활로가 보이기 시작했다.

7

# 동아시아 사회 질서의 근간 유교

## 한국인은 유교인

유교는 조선 왕조 500여 년 동안 한국 사회를 지배했음에도 불구하고 오늘날 한국인 가운데 자신의 종교를 '유교儒敎'라고 밝히는 사람은 전 국민의 1-2%에 지나지 않는다. 그러나 유교의 핵심적 가치 및 그 사회적 구현 방식을 제시하고서 자신과의 관계성을 묻는 질문에 대해서는 전 국민의 80-90% 이상이 자신과 관계 있다고 답한다. 아니 상당수가 자신이 바로 그렇게 산다고 말한다. 이것은 유교가 우리의 생활 안에 깊숙이 녹아 있음을 반영해준다. 그러기에 그리스도인과 불자가 각각 1,000만 명이 훨씬 넘는다는 통계 수치와 상관없이 한국은 대표적인 유교 문화권 국가로 분류되는 것이다. 한국을 불교 국가로 규정한다고 해도 맥락에 따라서는 틀린 말이 아니지만, 이른바 한국 문화의 형식 내지 틀은 거의 유교로 인해 확립되었다고 할 수 있다.

### 공자의 기본 정신

흔히 유교의 사상적 연원을 공자(孔子, 기원전 551-478)에게서 찾는다. 그러나 공자는 자신이 새로운 사상을 창시했다고 생각하지 않았다. 그저 먼 옛적에 이루어져 있다던 요堯·순舜 시대의 이상적 정신을 계승하고 문왕과 무왕의 제도를 본받고자 할 따름이라고 생각했다. "서술할 뿐 새로 짓지 않는다〔述而不作〕"라는 그의 말은 전통을 존중하고 따르려던 자세를 잘 반영해준다.

공자는 무엇을 따르고자 한 것일까? "나이 오십에 천명을 알았다〔知天命〕"라는 그의 말을 놓고 보면, 그는 천명의 구현을 위해 인생을 살아왔다고 할 수 있다. 그는 인간의 본성이 하늘로부터 비롯되었으며 하늘의 본성을 닮았다고 보았다. 따라서 그에 의하면, 자기 마음 안에서 하늘의 음성을 듣고 하늘의 뜻에 따라 사는 것이 참인간이다. 이상적 인간상인 군자君子는 하늘의 명을 들을 줄 아는 사람이다. 그리고 그 명대로 실천할 줄 아는 사람이다.

그런데 하늘의 명은 환상이나 계시처럼 '괴이한' 방식으로 드러나는 것이 아니다. 그럴 수 없는 것은 아니지만, 공자는 그런 것을 좋아하지 않았다. 도리어 하늘의 명은 조용히 자신의 마음을 돌아보는 데서 들린다. 인간의 본성은 하늘로부터 부여된 것이기에, 사람의 마음을 알면 그곳에서 하늘의 이치도 알게 되는 것이다.

### 예를 통해 인을 구현하다

하늘의 명을 아는 것은 하늘을 믿는 것과 다르다. 유교에서 말하는 믿음은 하늘이 아닌, 인간에 대한 것이다. 따라서 하늘에 대한 믿음을 키우는 것이 아니라, 인간에 대한 믿음을 키워야 한다. 그것이 하늘의 명이다. 그러기에 유교는 기본적으로 상호 신뢰 속에 놓인 인간 관계를 중시한다. 가족 질서, 대인 관계, 사회 질서 속에서 하늘의 명을 구현하고자 하는 것이다. 이러한 질서를 일괄하여 '예禮'라고 한다. 예를 통해서 하늘의 명이 드러나는 것이다. 달리 말하면 '인仁'이 구체화되는 것이다.

인간 관계의 핵심에는 인仁이 있다. 인이란 무엇인가? 공자는 이렇게 규정했다. "무릇 인이란 자기가 서고자 하면 남도 세워주고 자기가 이르고자 하면 남도 이르게 하는 것이다(夫仁者 己欲立而立人 己欲達而達人, 옹야편)." 한마디로 인이란 남과 나를 평등하게 보는 경지이다. 내가 하고 싶어하는 것은 남도 하고 싶어하는 게 인지상정이다. 그런데 소인小人은 자기가 하려는 것을 남이 못 하도록 억압하지만, 군자君子는 자기가 하고 싶은 것을 남도 하도록 도와준다. 그것이 예의 실천이며, 이를 통해 인이 구현되는 것이다. 유교는 예를 통해 인을 구현하려는 종교라고 할 수 있다.[1]

## 예의 구체적인 모습들

예는 구체적으로 어떻게 구현되는가? 추상적이고 이상적인 서술보다는 우리 사회에서 느낄 수 있는 구체적인 사례들을 중심으로 설명해보자.

유교는 '효孝'를 중심으로 맺어지는 부모-자식 간의 관계를 중시한다. 부모를 잘 섬기는 것이 자식됨, 더 나아가 인간됨의 기본이다. 이때 살아 있는 사람만으로 가족이 구성되는 것이 아니다. 죽은 조상도 가족의 범주에 든다. 그래서 유교 전통에서는 산 부모를 섬기듯이 죽은 조상을 섬긴다. 나이 든 부모님께 음식상을 바치듯이, 돌아가신 부모, 즉 조상에게도 음식상을 바친다. 그것이 제사이다. 한 집안에 부모, 조부모 등 어른이 있다면, 조상은 한 집안 혹은 가문의 정점이다. 집안의 어른을 잘 모시는 행위가 조상에게까지 적용되는 것이다. 이런 식으로 부모 또는 조상을 잘 모시는 행위야말로 유교적 인간됨의 기초이다. 바로 '효'인 것이다.

그리스도교 성서에 "네 부모를 공경하라"(출애굽기 20 : 12)라고 써 있어서 한국 그리스도인에게 부모 공경이 설득력을 얻는 것이 아니다. 한국인은 오랫동안 유교적 가르침에 입각해 부모를 공경하는 것이 인간의 기본 도리라고 여겨왔기에 그렇게 하는 것이다. 『부모

1 예를 실천하며 사는 사대부 계층을 일컬어 유자儒者라 하고, 이 유자의 학문을 유학儒學이라 한다. 그것을 불교나 도교 등에 대비시켜 하나의 학파로서 지칭할 때는 유가儒家이며, 종교적 또는 교화적 측면을 부각시켜 사용할 때는 유교儒敎가 된다. 유교라는 말은 300여 년경부터 외래 종교인 불교를 의식하는 가운데 중국에서 쓰이기 시작했다.

은중경父母恩重經』이라는 불전佛典도 있지만, 이것 역시 효 중심의 유교 문화권을 반영하여 생겨난 문헌이다. 무가巫歌인 바리데기 공주 신화도 효 사상을 기본으로 하고 있다. 이런 것들은 "부모와 자식 간에는 사랑이 있어야 한다(父子有親)"는 유교의 기본 덕목이 한국 사회 질서의 핵심에 있어 왔으며, 21세기의 한국 사회에도 여전히 유효한 가치 기준임을 말해준다.

## 효, 자, 제, 충

이 '효孝'를 국가적 차원으로 확대한 것이 '충忠'이었다. 백성은 왕을 어버이처럼 섬기는 자식과 같은 존재였다. 나라를 집안처럼 생각했다. 그래서 '국가國家'이다. 한국인은 '집안'을 중시한다. 무언가 전문적인 일에 종사하는 사람을 가리킬 때도 화가, 음악가, 사업가, 정치가 등과 같이 '家'자를 동원한다. 한 분야에 재능을 지닌 사람은 휘하에 사람들이 모이게 마련이고, 그로 인해 일가一家를 이루게 된다. 이런 식으로 주위 사람들과의 관계를 가족적 질서의 연장으로 파악하려는 것이 한국 유교의 핵심이다. 친형제나 자매가 아닌데도 형이나 오빠, 누나, 언니라고 부르고, 친구의 부모님을 아버님, 어머님이라고 부르는 것 역시 우리 사회에 두루 퍼져 있는 가족적 질서를 반영해준다.

자식이 부모에 대해 '효孝'를 행해야 한다면, 부모는 자식에 대해 '자慈'를 베풀어야 한다. 그리고 형제/자매는 '제悌'의 관계로 맺어

종묘제례악
종묘제례는 조선 시대 역대 왕과 왕비, 그리고 공신들의 신주를 모셔놓은 종묘에서 이들을 기리는 제사를 일컫는다. 조상 숭배를 인간의 근본 법도로 여겼기에 종묘제례는 왕이 직접 나와서 받들었다. 이때 의식을 장엄하게 치르기 위해 악기와 노래와 춤을 곁들였는데, 이를 총칭하여 종묘제례악이라 한다. 종묘제례와 종묘제례악은 중요무형문화재 제56호와 제1호로 지정되어 있으며, 2001년 5월 18일에는 유네스코 '세계무형유산걸작'으로 선정되었다.

져야 한다. 효가 강조되고 있기는 하나, 윗사람과 아랫사람의 관계는 원칙적으로 일방적 수직적인 관계가 아니다. 효, 자, 제 모두 상대방을 아끼고 존중하는 마음이라는 점에서는 매일반이다. 모두 '인'의 다른 표현들인 것이다. 이러한 마음으로 집안 질서를 이루어가고, 이러한 집안이 모여 사회가 되고 나라가 되는 것이다.

## 장유유서

이렇게 사람들 사이에서는 '인仁'이 전제되고 실천되어야 한다.

그러나 현실적으로 보건대 인의 표현 방식이 비교적 상향적, 수직적이었던 것도 사실이다. 아랫사람이 윗사람을 받드는 데 무게중심이 놓여 있었던 것이다. 오늘날 '충'의 개념은 약해졌으나, 윗사람을 '모시는' 분위기는 여전히 강력하다. 그것은 특히 대인 관계에서 드러난다.

오륜五倫 중에 우리 사회에 가장 널리 적용되고 있는 것이 있다면 아마도 '장유유서長幼有序'일 것이다. 어른과 아이, 윗사람과 아랫사람을 나누고, 그 사이에서 차례 내지는 서열을 두는 자세이다. 아마 전 세계에서 경어敬語가 가장 발달한 곳이 우리나라가 아닐까 싶다. 상대를 높이기 위해 쓰는 '-시' 자字는 우리나라 사람들조차도 헷갈릴 정도이다. 전철에서 사소한 이유로 시비가 붙다가 큰 싸움으로 번지게 되는 대표적인 이유 중 하나는 "왜 반말하느냐"며 따지는 데서 비롯된다. 너만한 자식이 있다거나 너만한 막내동생이 있다는 등 자신이 나이가 많다는 사실을 밝히면서 싸움에서 이기려 한다. 한국은 나이가 한 살이라도 많아야 대접을 받는 사회이기 때문이다. 그런데 '어린 놈'에게 반말을 들으니 더욱 화가 치밀어 오르는 것이다. 반말 자체는 싸움의 직접적인 원인이 아니었는데도 종종 싸움을 키우는 주요 원인으로 작용한다. 이처럼 윗사람과 아랫사람을 나누는 장유유서적 질서는 여전히 강력한 실재이다. 생각해보면 피식 웃음 짓게 만드는 이러한 사례들은 21세기에 들어선 우리의 사회가 여전히 유교적 원리에 의해 돌아가고 있음을 보여준다. 이런 것들을 모르고 어찌 한국을 말할 수 있겠는가.

## 가족과 조상

사실 유교에 대한 설명을 이것으로 끝낸다면, 유교는 그저 사회적 관습 차원에 머물고 말 것이다. 유교를 제대로 보려면, 가족, 더 나아가 조상 개념까지 파악해야 한다. 앞에서도 말했지만, 유교의 가족 관계는 살아 있는 사람에만 국한되지 않는다. 죽은 조상도 가족의 범주에 든다. 부모님이 돌아가셨다고 대번에 부모와 자식의 관계가 끝나는 게 아니다. 돌아가셨어도 부모님은 부모님이다. 살아 계실 때 행하던 효는 돌아가시고서도 이어진다. 살아 있을 때 누렸을 법한 가족의 관계가 죽은 조상에게서도 적용된다. 조상이 내 생명의 원천이라 믿기 때문이며, 나도 후손에게 그렇게 기억되면서 이어지기를 바라는 마음에서이다. 그래서 연로하신 부모님께 음식상을 바치듯이, 돌아가신 부모, 즉 조상에게도 음식상을 바친다. 여기에는 조상이 그 상을 기쁘게 받고 집안을 돌보아줄 것을 기대하는 종교적 심성이 담겨 있다.

이러한 제사 행위는 저승을 이승과 단절된 세계로서보다는 상호 교통이 가능한 세계로 본다는 것을 의미한다. 고대 사회일수록 그런 경향이 컸는데, 현대의 종교 현상으로서는 무교巫教가 전형적으로 그런 세계관을 보여준다. 물론 유교도 마찬가지이다. 사실 유교는 샤머니즘적 조상 제사 전통을 사회 윤리와 국가적 통치 철학의 차원으로까지 심화 확대시킨 종교이다(유교를 그렇게 만든 장본인이 공자인 셈이다). 그래서 유교는 사회 윤리이기도 하면서, 조상을 후손의 형편에 감응할 수 있는 존재로 간주하며 인류의 원형적 종교성을 유지해온 종교 전통이기도 한 것이다.

### 신령과 조상신

사람이 죽으면 몸〔魄〕은 땅〔음陰의 세계〕에 묻히지만, 혼〔魂〕은 하늘〔양陽의 세계〕로 올라간다. 이것은 삼라만상을 음양의 원리에 따라 해석하는 유교적 우주관을 반영해준다. 혼과 백이 분리되고 나면 혼은 일단 신령계의 한 구성원이 된다. 하늘〔天〕, 땅〔地〕, 사람〔人〕, 즉 삼재三才를 우주적 구성의 기본으로 여겨왔듯이, 신령계도 천신天神, 지신地神, 인신人神의 세 부분으로 나누어 본다. 이 신들 가운데 최고는 상제上帝이며, 문명을 일으킨 성인聖人이나 조상신이 인신人神의 반열에 든다. 이 신들은 서로 교류한다. 이 가운데 조상신은 다른 어떤 신들보다도 자기 후손에 대한 사랑이 극진하다. 다른 신들에게 후손의 요구를 전달해줄 수 있는 능력이 있다고 믿어지기도 한다. 조상을 기억하면서도 조상에게 무언가를 바라기도 하는 행위는 이러한 신령관에서 비롯되는 것이다.

### 신주와 성체

후손은 조상과 어디서 어떻게 만날까? 전통 유교도들에 의하면, 조상의 몸은 무덤 속에 있지만, 영 혹은 신은 제사 때 신주神主에 모셔진다〔依憑〕.[2] 신이 내려오는 특정 수단 혹은 장소를 신위神位라 하고, 특별히 나무로 깎아 만든 신위를 신주神主, 木主라 부르며, 신주를 대신해 종이에 써놓은 것을 지방紙榜이라 한다. 유교에서 신주는 조상신이 깃들어 있는 자리이다. 살아 있는 후손은 그것을 소중히 다루어야 한다. 우리말로 무언가 애지중지하는 모습을 보고는 "신주단지 모시듯 한다"라는 표현을 쓰는 것도 이 신주를 중시하던 전통을 반영해준다. 이러한 신앙적 구조를 지닌 유교도들에게 신주는 단순한 나무토막이 아니다. 그것은 조상의 혼을 현세에 구체화시키는, 조상의 몸과 같다. 그런 점에서 유교는 조상의 혼을 불러〔招魂〕 현재에 다시 살리는, 즉 '초혼재생招魂再生'을 목표로 하는 종교라고도 할 수 있다.

1791년 조선 시대, 천주교인이 된 양반 윤지충과 권상연이 우상숭배를 금하는 교회의 가르침에 따라 돌아가신 부모의 신주를 불살랐던 사건이 있었다. 신주는 한 조각 나무토막일 뿐, 부모의 영혼이 그곳에 거하는 것은 아니라고 믿었기 때문이다. 그 사건 이후 천주교도는 사회 질서의 근간을 흔드는 패륜 집단 그 이상으로 간주되면서 박해의 소용돌이 속으로 휘말리게 된다. 신주를 불태운 천주교도의 행동은 유교를 기본 이념으로 하는 조선 사회에 대한 정면

2 고대 중국에서는 죽은 조상의 몸이 하얗게 백골이 되면 그 두개골을 후손 내지 유자儒者가 뒤집어쓰고서 죽은 이의 혼을 맞이하는 의례를 행했다고 한다. 그러다가 점차 사람의 얼굴과 비슷하게 생긴 형상[魌頭]을 만들어 그에 대신하기 시작했고, 그것이 오늘날의 신주로 좀더 단순화하게 되었다는 것이다(가지 노부유키, 『침묵의 종교, 유교』 이근우 옮김, 경당, 2003, 49-52쪽 참조).

도전처럼 비춰졌기 때문이다.

아마 명동성당 앞에서 성모상을 부수고 십자고상을 태우는 행위를 했다면, 그것은 천주교회에 대한 정면 도전으로 여겨질 것이다. 종교의 자유가 허락되어 있는 세속화한 사회에서도 그런 행위는 간단한 문제가 아닐진대, 유교를 강력한 통치 이념으로 하고 있던 조선 사회에서, 더욱이 신주를 더욱 잘 모셔야 할 양반 집안에서 벌어진 그 신주 방화 사건은 상상조차 할 수 없는 불충이자 불효였다. 이것을 보고 조정이 천주교를 거부하고 박해를 가하는 것은 어찌 보면 당연한 일이었다. 사실 입장을 바꿔, 영성체 때 축성된 빵과 포도주가 예수님의 몸과 피가 된다는 천주교인들의 주장이 황당하다면서 어느 유력한 신부가 유교로 전향했다고 한다면, 현대의 천주교회도 어느 정도 술렁이게 될 것이다. 하물며 제사를 통해 가족 중심의 질서를 유지해오던 조선 왕조 시대에 벌어진 신주 방화 사건의 파장은 이와 비교도 할 수 없는 성도의 것이었다. 제사에 대해 유연하지 못했던 초기 한국 천주교회는 이로 인해 박해를 자초하게 된 셈이다.

### 제사와 음복

신주에 조상이 실제로 임한다고 믿었듯이, 제사 역시 그저 조상을 기리는 기념 행사 수준은 아니다. 조상신이 임하지 않는 제사는 제사가 아니다. 그리스도인은 흔히 사후에 영혼이 몸과 분리되어 하늘로 올라가는 것처럼 상상하는데, 따지고 보면 유교에서도 마찬가지이다. 다만 그 영혼이 다시 지상에 내려와 후손과 감응할 수 있는 존재라고 본다는 차이가 있을 뿐이다. 제사 때 바쳐지는 음식을 조상이 흠향한다고 믿으면서―해석하기에 따라, 제사를 드리는 정성을 기쁘게 받아들인다고 믿으면서―, 흠향된 음식은 조상이 강복한 것(福)이니 사람들과 함께 나누는(飮) 데 의미가 있다고 본다. 그래서 '음복'이다. 음식을 나누면서 조상의 음덕까지 나누고자 하는 것이다.

이러한 구조 속에서 보면, 산 자나 죽은 자나 정성스럽게 대해야 하기는 마찬가지이다. 조상을 모시는 행위는 후손으로서 정성을 다해야 하는 일이다. 이 마당에 조상 제사가 우상 숭배라거나 미신이라거나 하는 섣부른 판단은 수백 년 동안 이어져 온 전통, 특히 유교적인 사람들의 정성 자체를 무시하는 행위가 되고 마는 것이다.

### 유교의 현재

한국인은 오랫동안, 아니 지금까지도 이러한 조상 제사의 정서를 공유해오고 있다. 하지만 현재 유교의 이러한 종교적 측면은 그저 전통이라는 이름으로 유지되고 있을 뿐, 한국인의 실제 삶 속에 과거와 동일한 의미를 발생시키고 있지는 못하는 것으로 보인다. 문화적 차원에서 그 제사의 형식 정도가 전승되고 있는 실정이라 해도 과언은 아니다. 앞에서 말한 대로, 한국이 유교 문화권에 속한다고 규정하는 것은 분명히 옳다. 그러나 한편에서 사회적 차원의 유교적 관례는 여전히 강력하게 살아남아 있지만, 유교적 핵심, 특히 유교의 이른바 종교적 측면은 실종되어 가고 있는 것도 사실이다. 제사를 드려도 '기념식' 차원에서, 지방을 써도 관례 차원에서 그렇게 할 뿐, 조상에 대한 존경과 두려움의 감정은 저 멀리 사라져가고 있다. 조상이 제사 음식을 흠향한다고 믿기보다는 그렇게 음식을 바치며 조상을 기억하는 행위에 의미를 두는 정도로 바뀌어 가고 있는 것이다.

겉으로는 이렇게 실종되어가고 있는 전통 유교의 공간에 그리스도교가 들어와 자리잡고 있는 것으로도 보인다. 하지만 가만 보면 그리스도교적 의례도 일종의 형식과 관례 차원에서 유지되고 있을 때가 많다. 현대인들이 절기에 따라 차례나 제사를 드리면서 '조상 기념식'을 '집안 친목회'와 연결짓고자 하듯이, 그리스도인 역시 영성체는 하나의 상징으로, 고백성사는 사제에 대한 하나의 예의나 관례로, 미사나 예배는 일종의 습관적 의례 절차로, 교회는 사교 단체로 변하고 있는 것도 부정할 수 없는 사실이다. 자신의 생사화복과 직결되어 있다고 믿어서인지 신과 일대일로 만나는 '기도' 행위에서만 비교적 진지함이 살아 있는 정도라고나 할까. 현대인들의 종교적 위기는 비단 유교에만 해당되는 일은 아닌 듯하다.

# 8

# 종합적 민간 신앙 도교

## 불멸성의 추구

인간은 유한하다. 그럼에도 불구하고, 아니 어쩌면 그렇기 때문에, 유한을 넘어 무한 혹은 영원을 바라며 추구한다. 몸은 죽고 사라져도 영혼은 불멸한다는 믿음이 그러한 희망을 전형적으로 보여준다. '나'의 정체성이 '영혼'을 통해 계속된다고 믿는 것이다. 내가 조상을 모시듯이 나도 후손에 의해 모셔지고 기억되는 제사의 방식도 일종의 영생법이라고 할 수 있다.

이와는 대조적으로 현재의 이 '몸'이 영원히 지속되기를 바라며 생겨난 각종 체계도 있다. 중국 고유의 민간 신앙들이 이리저리 엮이면서 다양한 양태로 나타났기에 딱히 기원을 규정하기는 힘들지만, 대략 2세기경 장도릉(張道陵, 34-156?)에 의해 중국에서 구체화되기 시작한 민중 종교적 형태, 즉 도교道教가 그러한 입장을 잘 나타내준다.

### 도가와 도교

흔히 '도교'라는 말로 노자老子와 장자莊子 사상에 기반한 무위자연無爲自然의 삶이나 그와 관련된 사유 체계를 지칭할 때가 많지만, 이해를 돕기 위해서는, 그러한 사유 내지는 학풍은 일단 '도가道家'라고 구분해 부를 필요가 있다. 도가에서는 정신적 자유와 무위자연의 삶을 추구한다. 무위란 아무것도 하지 않음이 아니라 인위적으로 하지 않음이다. 그렇게 하는 것이 전체를 이루는 것이라고 본다. 자연, 즉 '스스로自 그러한然' 이치대로 심신의 자유를 구가하는 이상 사회를 이루려는 것이 도가 사상의 핵심이다.

이에 비해 도교라고 했을 때는 몸의 불멸성을 추구하고 현세 이익 충족적 종교를 의미하는 것이 보통이다.[1] 그런 점에서 무위적이기보다는 인위적이다. 물론 도가와 도교는 구분은 되지만 분리는

1 도교라는 말은 본래 선진先秦 시대부터 '선왕先王이나 성인聖人들의 도에 관한 가르침'이라는 의미로 사용되던 보통 명사이다. 그런데 이 가르침을 구체화시키기 위한 방법과 술책으로서의 도술道術이 민중의 현세 기복적 염원을 담은 종교적 측면들을 중심으로 확장되면서 종교적 도교가 성립될 기초가 마련되기 시작했다. 그러다가 후한대後漢代에 이르면, 도가 사상의 정수라고 할 수 있을 노장 사상이 뒤섞이면서 종교적 도교는 사상 중심의 도가와 구분되기 힘든 지경에 이르게 되었다. 이러한 상호 관련성에도 불구하고 이해를 돕기 위해서 오늘날에는 철학적 도가와 종교적 도교를 구분해 설명하는 경향이 있다.

되지 않는다. 종교적 도교의 개조라 할 장도릉이 노자의 『도덕경』을 탐독하기도 했고, 그로 인해 생겨난 집단—천사도天師道 또는 오두미도五斗米道라고도 불린다—에서 노자를 태상노군太上老君으로 받들기도 하는 등, 노자나 『도덕경』과의 연관성도 적지 않기 때문이다. 그렇더라도 종교적 도교라고 할 때는 기본적으로 불로장생不老長生 혹은 무병장수無病長壽라고 하는, 인간의 근원적인 욕망을 실현하기 위한 다양한 민간 신앙 형식의 총체를 주로 의미한다. 거기에는 일견 저급한 듯한 민간 신앙 요법에서부터 세련된 심신 수련법까지 망라되어 있다. 도교학의 권위자인 구보 노리타다窪德忠는 도교를 "고대 민간 신앙을 기반으로 하고 신선설을 중심으로 하며 그것에 도가, 주역, 음양오행, 참위, 의학, 점성 등의 설과 무속 신앙을 더하고 불교의 조직과 체제를 모방해 종합한 불로장생을 주된 목적으로 하는 주술 종교적인 경향이 강한 현세 이익적인 자연 종교"로 정리하고 있다. 들어 있지 않은 사상이나 양생법이 없을 만큼 복잡하기 그지없다는 뜻이다.

앞에서 살펴본 불교가 '윤회전생輪廻轉生'의 인도적 세계관을 지녔고, 유교가 죽은 조상의 '초혼재생招魂再生'을 목표로 한다면, 도교는 몸의 '불로장생不老長生'을 추구하는 종교인 것이다. 아울러 그리스도교는, 좀더 세심한 개념 정의가 필요하기는 하지만, '부활영생復活永生'을 추구한다고 간단하게 요약해볼 수 있겠다.[2]

2 가지 노부유키, 『침묵의 종교, 유교』 중 64쪽의 정리된 표현을 참조했다.

## 한국 도교의 역사

유교, 불교가 그렇듯이, 도교도 중국으로부터 들어왔다. 공식적인 기록에 따르면 고구려 영류왕 때(624년) 중국으로부터 소개된 것으로 알려지고 있으나, 이미 그 이전부터 고구려 안에서 그리 낯선 흐름은 아니었던 것으로 보인다. 이후 고구려의 실력자 연개소문이 자신의 세력 확장을 위해 도교식 제사〔齋醮〕를 지내도록 하는 등 도교 유입책을 본격적으로 펼치기도 했고(643년), 고려 예종 때는 도교의 최고신인 원시천존상元始天尊像을 안치하고서(1107년) 나라의 평안을 빌기도 했다. 복원궁福源宮과 같은 도관을 세우고(1120년) 제사를 드리기도 했다.

고려 때 성행하던 팔관회八關會는 형식상으로는 불교 의례였지만, 실상은 하늘의 영이나 명산의 신들을 숭배함으로써 나라와 왕실의 안녕을 기원하는 도교적 의례나 다름없었다. 이 도교식 의례에 한국의 전통적 산신山神 신앙이 어느 정도 개입 및 혼합되어 있는지 구분해볼 필요도 있지만, 중요한 것은 공식적으로 불교를 숭상하던 고려 시대도 전체 34명의 왕 중 21명의 재위 기간 동안 초재가 222회나 시행되었을 정도로 도교적 의례도 지속되었다는 사실이다. 이것은 도교가 왕실은 물론 민간인의 생활 방식 안에도 스며들어 있었음을 뜻한다.

주자학을 기본 이념으로 하던 조선 시대에도 표면적으로는 도교가 억압당하고 결국 마지막 남은 도관인 소격전昭格殿마저 타파되기도 했으나, 민간 안에 전해진 생활 습속까지 바뀌지는 않았다. 홍만종이라는 사람은 민간에 전해지는 신기한 이야기들, 즉 한국의 35인의 신선 이야기 모음집인 『해동이적海東異蹟』(1666)을 편찬하기도 했으니, 도교의 꿈같은 존재인 신선 개념이 대중적인 신앙의 일부로 자리잡고 있었음을 보여준다. 유교적 형식 속에서도 도교적 상상을 하며 산 셈이라고 할 수 있다.

옥황상제
다양한 신들을 섬기는 도교는 대부분 민간 신앙화하여 우리나라의 경우에는 무교적 습속과 거의 구분되지 않는다. 옥황상제는 본래 도교의 최고신이지만, 한국 전래 동화나 민담에 빈번히 등장하고, 증산교를 세운 강일순이 옥황상제로 자처할 만큼 한국의 민간 신앙 안에서도 최고신으로 자리매김하고 있다. 사진은 중국 도교 전진교 용문파의 도맥을 잇는다고 자처하는 한국 도관 태청관 홈페이지에 있는 것이다.

## 신선의 추구

도교의 초점은 현재 인간 삶의 기복적 확장에 있다. 거기서는 앞에서 말한 대로 이 몸 그대로 영원히 살고자 하는 육체불멸론을 펼치고 추구한다. 이때 육체를 가지고 영원히 산다고 믿어지는 존재가 바로 신선神仙이다. 무병장수하다가 나중에는 신선이 되고, 최종적으로는 가장 높은 신인 원시천존 혹은 옥황상제가 계시는 하늘의 세계에서 영원히 살기를 바라는 현세 중심적 종교 형태가 도교인 것이다.

신선은 이상적인 인간상이었다. 중국의 춘추전국 시대에는 지상 어딘가에 그런 신선이 살고 있으며, 그 신선이 먹는 약을 먹으면 보통 사람들도 불로장생할 수 있다고 믿었다. 그래서 진시황 같은 이는 그 약을 찾아오라며 사람들을 풀기도 했다. 그러다가 시간이 흐르면서 신선이 행한다고 생각되는 각종 양생법이 고안되기 시작했고, 그대로만 하면 누구라도 죽지 않고 장수할 수 있다고 생각되기에 이르렀다.

### 도교의 바이블 『포박자』

다양한 양생법, 불사약不死藥 제조법 등이 구체적으로 고안되었고, 중국 진나라 때 갈홍(葛洪, 283-363)이 그러한 내용들을 집대성해 『포박자抱朴子』(317년)를 편찬했다. 이후 『포박자』는 도교적 수행법의 '바이블'로 간주되어 왔다.

『포박자』에 의하면, 신선이 되려면 선행을 하는 등, 윤리적인 행위〔修善〕도 필수적이다. 이것은 유교의 영향을 보여준다. 그렇지만 곡기를 끊거나〔辟穀〕 조절하고〔服餌〕, 적절한 체조〔導引〕와 호흡〔服氣〕을 하면서 정신을 집중〔守一〕하고, 성적인 조절〔房中〕을 하는 등의 일정한 수행에 무게중심이 놓여 있다. 몸 속의 원기를 조절하고 키우면서 불로不老를 추구해나가는 것이다.

그러나 무엇보다 도교 최고의 양생법은 신선들이 먹는다는 불사약, 즉 금단金丹을 만들어 먹는 것이었다. 그런데 이 약에는 수은 같은 중금속들이 다량 함유되어 있었다. 전해지는 바에 따르면, 그 약을 먹고 죽은 중국의 왕들이 당나라 때에만 일곱 명이나 된다고 한다. 가상의 신선을 모델로 하는 육체불멸론을 문자 그대로 받아들인 결과였다. 어찌 보면 황당해 보이기도 하는 이런 사건들은 현실을 무한히 연장하려고 하는 인간의 사고방식을 잘 드러내준다. 인생을 고해苦海로 파악하고 세상으로부터의 초월을 추구한 인도인들과는 달리, 도교는 현실을 긍정적으로 설명하고자 했던 중국인의 사고방식을 잘 보여준다. 그리고 중국인과 비슷한 정도로 현세 중심적이었던 한국인의 생활방식에도 영향을 줌으로써 한국인의 현세성을 강화해온 대표적인 것이 도교이기도 하다.

## 한국 민간 신앙의 근간

실제로 신선이 있는지 여부는 차치하더라도, 신선 사상은 한국 민간 신앙의 신관에 결정적인 영향을 미쳤다. 한국 사람이 흔히 상상하는 긴 수염에 지팡이, 그리고 흰옷을 입은 할아버지로 연상되는 신령의 모습이 바로 신선의 개념에서 유래한 것이기 때문이다.

그뿐 아니다. 도교는 한국의 민간 신앙과 거의 전적으로 하나되어 있다. 제도 종교들의 의례를 제외한 민간 종교 형태는 대부분 도교적 신앙 방식이라고 해도 과언이 아니다. 예를 들면, 신선, 옥황상제는 말할 것도 없거니와, 선녀, 삼신, 칠성신, 성황신, 시왕, 용왕 등의 신 개념은 물론 둔갑술, 축지법 등 주로 무협 소설에 등장하는 각종 도술들, 흔히 도사道師라고 불리는 일종의 달인 개념은 모두 도교의 세계관에서 비롯된 것이다. 대보름 밤에 잠을 안 자는 습속은 인간 몸 안에 있다는 삼시충三尸蟲이 인간의 죄과를 하늘에 알리지 못하도록 감시하는 수경신守庚申 신앙에서 비롯된 것이다.

특히 오늘날 성행하고 있는 단전 호흡이나 각종 기공술, 태극권 같은 건강법 내지는 심신 수련법은 조선 시대 이래 남아 있던 수련 도교 수행자들(內丹派)의 수행법을 기초로 하고 있는 것들이다. 뿐만 아니라 허준의 『동의보감』 같은 의학서는 물론 전반적인 동양 의학은 병들지 않고 육체를 영원히 지속시키고자 하는 도교적 양생법을 기초로 발전한 것이라고 할 수 있다. 그리고 한국 사람은 외국인에 비해 몸에 좋다는 음식이라면 거의 '몬도가네' 수준으로 먹는 경향이 있는데, 이에 따라 발달한 보신 음식 문화 역시 오래 살겠다는 도교적 염원에 의해 강화된 것이기도 하다. 한국에서는 무교가 사실상 도교적 민간 신앙을 상당 부분 계승해온 탓에 제도화된 종교로서의 도교는 남아 있지 않지만, 생활 방식 혹은 습속으로서의 도교적 분위기는 여전히 살아 성행하고 있다. 한국, 더 나아가 중국, 대만, 홍콩 등 동아시아의 문화를 읽고자 할 때 빼놓을 수 없는 부분들이 도교인 것이다.

# 9

# 한국적 종교성의 원형 무교

## 한국인의 우뇌적 기질

흔히 좌뇌와 우뇌의 역할이 다르다고 한다. 좌뇌가 추리, 분석 등 이성적인 측면을 주로 관장한다면, 우뇌는 직관, 공간 지각력 등 감성적인 측면을 주로 담당한다는 것이다. 당연히 양 뇌가 고루 발달하는 것이 바람직할 테지만, 불행인지 다행인지 한국 사람들은 대체로 우뇌적이라고 한다. 이성적인 성향보다는 감성적인 성향이 강하다는 것이다. 그래서인지 한국 사람들은 철학 같은 분석적 학문보다는 직관적 감성을 주로 사용하는 예술 분야에 소질이 있는 편이다. 스포츠 중에서도 양궁 같은 공간 지각력 활용 종목에서 두각을 나타낸다. 우리말을 보더라도, 추상적, 개념적, 분석적 언어들은 주로 한자어인 데 반해, 순우리말은 대체로 평범한 일상생활이나 느낌, 자연 현상 등을 묘사하는 의태어, 의성어류에 집중되어 있다. 한국인은 그만큼 덜 논리적이고 덜 분석적인 민족임을 말해준다.

그래서인지 한국인은 대체로 잘 따지려고 하지 않는다. 끝까지 따지는 사람은 '쩨쩨하다'는 말을 듣기 십상이다. 어떤 일을 불같이 몰아붙여 하되 마무리에는 약한 편이다. 잘 마무리하려면 세밀한 부분을 꼼꼼하게 따지는 좌뇌적 자세가 필요한데, 아직까지 그런 훈련이 덜 되어 있기 때문이다.

또한 한국인의 술 문화도 주목할 만하다. 1인당 알코올 소비량에서 러시아와 1, 2위를 다투는 한국인은 술을 위한 술을 마실 때가 많다. 술에 취하면 이어 노래가 나온다. 그리고 춤도 춘다. 한국인에게 익숙한 노래방은 이러한 욕구를 해소시켜주는 적절한 공간이다. 술자리에는 종종 노래와 춤이 곁들여질 만큼 한국인은 머리보다는 마음, 논리보다는 느낌을 중시한다. 마음에 느낌이 강하게 오면, 집이라도 갖다 바칠 정도로 몸도 따라간다. 설령 나중에는 후회할지언정, 한순간의 느낌을 따라 몸도 움직이는 모습을 종종 본다. 종교의 이름으로 사회적 물의를 일으키는 경우는 대부분이 한국인의 이런 기질과 연결되어 있다.

## 단군은 무당

이런 한국인의 기질을 가장 잘 반영해온 종교 현상이 있다면 그것은 바로 무교巫教이다. 무교라는 말은 근대적인 용어이지만, 그 현상은 우리 민족의 기원부터 있었다. 단군이 누구인가? '단군'은 '샤먼'을 뜻하는 몽골어 '텡그리'에서 온 말이라는 것이 중론이다.[1] 우리 식으로 하면 '무당'인 셈이다. 그 무당 신봉자를 '단골'이라 하는데, 단골 역시 단군과 같은 어원에서 나왔다고 본다. 조선 시대 이래 천시되어왔고, 그리스도교가 주요 세력으로 자리잡은 이후 전근대적 미신의 전형이자 타파의 대상으로 지탄받아왔으나, 무당의 숫자는 줄기는커녕 도리어 늘었다. 무당 권익 단체인 '경신회' 회원만 해도 10만 명이 넘으며, 사실상 무당 숫자는 20-30만 명에 이르는 것으로 판단된다. 스포츠 신문 전면을 도배하다시피 하는 점술가 광고의 주인공들까지 합하면 이른바 무교적 세계관을 가진 지도자급 인사들이 60만 명가량 될 것이라는 기사도 나오고 있을 정도이다.

## 크리스천 샤먼

이것은 무엇을 뜻하는가? 겉으로는 도태되어 있는 듯하지만, 조

1 이 책의 유대교 부분 서론에서 잠시 보았다.

금만 안으로 들어가보면 무교는 다양한 모습으로 여전히 성행하는 지극히 현대적인 현상이라는 것을 의미한다. 무교에서는 개념적인 분석이나 체계적인 교리도 없이, 술과 노래와 춤을 핵심 의례로 하면서 맺힌 것을 풀고 복을 기원한다. 엑스터시 지경으로 가고서야 끝나는 음주가무 문화는 실상 굿판과 닮아 있다. 합리적으로 설명하기 힘든 이런 현상은 우리의 전통적 기질 내지는 정서와 잘 맞아

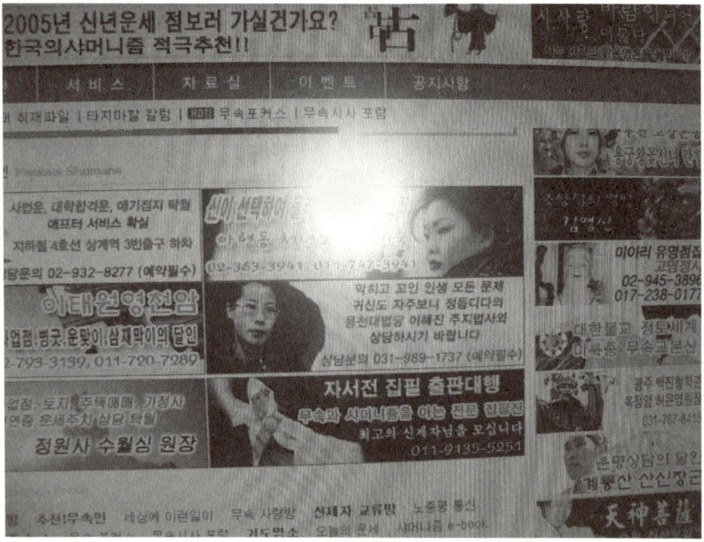


영적 비즈니스맨

무교는 가장 오랫동안 한국인과 함께해온 종교 현상이다. 조선 시대 이래 오늘날까지 무당에 대한 사회적 하대下待 분위기가 지속되고 있으나, 무당 숫자는 줄기는커녕 도리어 늘어나고 있다. 더욱이 오늘날 무당 숫자가 30여 만 명에 육박한다니, 그만큼 무교가 한국인의 종교적 기질을 잘 드러내준다는 뜻이다. 스포츠 신문 전면을 도배하다시피 하는 무속인 광고, 다양한 인터넷 사이트는 물론 무교 관련 각종 '카페'나 '블로그'들을 보면서 오늘날 무당은 일종의 '영적 비즈니스맨'이라는 어떤 규정에 머리를 끄덕이게 된다.

떨어진다. 좌뇌보다는 우뇌를, 머리보다는 몸을, 사회나 공동체보다는 개인이나 가족을 중시하면서 수천 년을 지내온 종교 현상이 바로 무교인 것이다.

신부든 목사든 이지적이고 지성적인 사제보다는 설령 비합리적이라고 해도 뜨겁게 설교하고 병자들을 돌보는 사제 주변에 사람들이 모여든다. 참선에 대중이 몰리지 않고, 기복적 법회에 대중이 몰리는 것도 어느 정도는 한국인의 우뇌적 기질과 상통하는 것이다. 사실 1970-80년대 한국 개신교의 양적 성장을 주도해온 이들도 내용은 어떻든 뜨겁게 설교하고 집안의 우환을 푸는 데 몸으로 앞장섰던 그런 이들이었다. 한국 개신교 성장의 견인차였던 대중 집회인 '심령 부흥회' 내지는 고막이 터져라 "주여~~"를 외치며 온몸을 떨다시피 하는 '통성 기도' 모습은 종교사회학적으로 보자면 굿판과 별반 다르지 않다. 성령쇄신운동이 유지, 발전되어나가는 가톨릭의 분위기도 사실상 한국인의 전통적인 무교적 심성과 통한다. 오늘날 한국 그리스도인들 중 상당수는 이전 같았으면 모두 단골네가 되었을 사람들이다. '크리스천 샤먼'이라고나 할까. 삿된 것을 피하고 복을 불러들이려는(壁邪招福) 마음으로 의례에 참여하기는 매한가지이니 말이다. 산속 굿당에서 여전히 온갖 굿들이 벌어지고 있고, 온라인/오프라인상의 점집이 성행하고 있을 뿐 아니라, 그리스도인이라는 다른 옷을 입고서도 실상은 무교적인 모습을 더 많이 보여주고 있는 것이 한국의 현실이다. 이를 모르고 어찌 한국을, 이웃을, 우리 자신을 안다 할 수 있을까.

### 억압의 역사, 불굴의 생존

오늘날 무교라고 불리는 종교 현상은 삼국 시대 이전부터 있어왔다. 당시 하늘에 올리는 제사를 주관하던 공식적 제사장이 오늘날로 치면 무당인 셈이다. 삼국 시대 중기에 불교가 전래되면서 공식적 사제로서의 기능이 축소되기 시작했고, 통일신라 때는 유학자들의 역할이 커지기 시작했으며, 불교의 전성 시대 고려를 거치고 주자학을 국가의 통치 이념으로 삼은 조선 시대를 지내는 오랜 세월 동안 무당은 억압을 받아왔다. 그렇지만 민간 차원에서는 물론 여성들을 중심으로 왕실에서까지 무교 신앙을 따르는 경우는 흔했다. 19세기 초 세금을 내는 무당의 수가 1,500명이었다는 보고가 있는데, 박수와 조무까지 합하면 4-5천 명은 족히 되었을 것이다.

무당에 대한 사회적 탄압은 그리스도교가 들어온 뒤 광범위해졌다. 거의 모든 선교사들이 조선 정세를 보고하면서 가장 먼저 타파되어야 할 '우상 숭배'의 전형으로 무교적 현상을 거론했다. 초기 한국 가톨릭 교회의 지도자였던 정약종의 『주교요지』나 정하상의 『상재상서』에도 '잡귀신', '부녀자와 어리석은 백성을 현혹해 돈과 재물을 빼앗는 박수나 점쟁이'와 같은 표현들이 등장한다. 개신교 최초의 신학자이면서 타 종교에 대해 상당히 우호적인 글을 많이 남겼던 최병헌도 무교에 대해서만큼은 부정적이었다.

그럼에도 불구하고 무당의 숫자는 줄기는커녕 도리어 늘었다. 현대인에게는 전혀 어울릴 것 같지 않은 원시적 종교 형태가 21세기에 들어서도 여전히 성행한다. 왜일까? 간단하게 답한다면, 그것은 무교가 한국인의 기질을 가장 잘 반영해주는 단순한 종교 형태이기 때문이다.

## 무속, 무, 무교

흔히 사용되는 용어인 '무속巫俗'이라는 말은 '무당의 풍속', 좀 더 구체적으로는 '무당의 저질스러운 풍속'이라는 뜻이다. 그러나 무당 자신이나 단골들이 그렇게 생각할 리도 만무하거니와, 저질스럽다고 생각하는 그 순간 한국적 정서의 근간에 놓여 있는 무교적 신앙은 이해되지 않는다. 물론 그저 '무巫'라는 말만을 사용하던 무당 자신도 지금은 저간의 사회적 분위기를 반영하여 '무속인'이라는 말을 종종 차용하기도 한다. 하지만, 신령, 무당, 단골 사이의 신앙 구조가 신앙의 대상으로서의 신, 신과 인간의 중재자로서의 사제, 그리고 일반 신자들로 구성된 기성 제도 종교와 형식을 같이 한다고 판단하여 학계에서 만들어낸 '무교巫敎'라는 용어가 점점 널리 쓰이는 추세이다. 일단 부정적 가치 판단이 배제되어 있다는 점에서 무난한 용어일 듯싶다.

## 무교와 샤머니즘

무교는 사제로서의 무당과 신도로서의 단골이 신령과 조상에 대한 믿음 속에서 우환을 해소하고 복을 기원하는 행위를 중심으로 하는 종교 현상을 일컫는다. 주로 굿이라는 종교 의례를 통해 사태의 탓을 찾고(탓하기), 그로 인해 쌓인 한을 풀어버리는 것(한풀이)이면 충분한, 교리 이전적 종교 형태인 것이다. 논의의 여지는 있지만, 넓은 의미에서는 샤머니즘shamanism의 한 유형이라고도 할 수 있다.

일반적으로 '샤먼shaman'이란 종교적인 목적을 위해 신접神接/빙의憑依 기술을 통제하는 능력을 가진 사람을 말한다. 따라서 샤머니즘은 하늘에 있는 초월적 존재에 대한 믿음과 샤먼의 신접 기술에 의해 하늘과 대지 사이의 구체적인 소통이 가능하다는 믿음을 중심으로 하는 종교 형태를 뜻한다. 거의 세계 전역에 퍼져 있는 종교 현상인 샤머니즘과 한국의 무교가 구체적으로 어떤 관계에 있는지는 명확하게 밝혀지지 않았지만, 이들이 유사한 형태를 띠고 있는 것은 분명하다.

### 무당의 자격과 굿의 종류[2]

장래 무당이 될 사람은 종종 원인을 알 수 없는 병을 앓는 등 일련의 복합적 징후를 보인다. 이는 흔히 신병神病/무병巫病이라 불린다. 이것은 의학적 병과는 달리 일종의 종교 체험이자 소명에 해당

2 이하는 조흥윤, 『한국의 巫』(정음사)를 많이 참조했다.

한다. 이런 체험이 신령과 관계 있는 것으로 확인되면 본인이나 가족이 적절한 무당을 구하고 그 무당은 그를 위해 내림굿/강신굿을 주관한다. 이때 그 후보자의 입을 통해 몇몇 신령들이 확인되는데, 이 신령들이 몸주신이 되는 것이다.

이렇게 해서 무당이 탄생한다. 그를 애기무당이라 하며, 내림굿을 주관해준 무당은 애기무당의 신아버지/신어머니가 된다. 애기무당은 신부모에게서 무의 제반 관습을 포함하여 굿하는 법을 배우며, 신부모를 친부모처럼 섬긴다. 굿판에서는 상석에 모시고 수입의 일부를 바치기도 한다. 그러다가 신부모가 죽고 나면 진오기굿을 한다.[3]

애기무당은 제 집 방 한 칸이나 구석에 몸주신을 위해 신당神堂을 꾸며 신령을 모시기도 하고 단골을 맞이하여 신점을 치기도 한다. 병자를 위해 병굿을 하기도 하고, 재수굿을 통해 복을 빌어주기도 한다. 그러면서 신들림의 전문가로 형성되어간다. 이렇게 일종의 종교 체험을 한 뒤 무교의 관례를 학습하고 굿을 하는 무당을

3 진오기굿은 씻김굿, 오구굿, 새남굿 등 지역에 따라 대단히 다양한 명칭으로 불린다. 그 절차와 내용에서도 살짝 차이가 있기도 하지만, 기본적으로 망자의 천도를 위한 굿, 좀더 구체적으로 죽은 이의 영혼을 불러들여 그 원한을 풀어주고 극락으로 천도하기 위한 굿이다. 진오기굿 말미에는 무당이 바리공주 무가라는 긴 서사 무가를 읊는 장면이 나오는데, 바리공주 무가는 일곱째 딸로 태어난 바리공주가 아비인 임금으로부터 버림받았으나, 그 죄로 죽을 병에 걸린 부모를 구할 약을 찾아 저승(무교의 저승은 극락과 지옥 및 그 직전 단계로 구성)으로 가 갖은 고생을 겪은 뒤, 약을 구해 돌아와 죽은 부모를 살려내고, 자신은 망자를 천도하는 만신이 된다는 내용으로 이루어져 있다. 바리공주 무가는 한국인의 전통적인 세계관 및 내세관을 잘 반영해주며, 이 무가를 담은 진오기굿은 한국인의 전통적 죽음 의례의 결정판이라고 할 수 있다.

강신무降神巫라고 한다.

물론 내림굿을 하지 않고 주로 집안의 전통을 계승하면서 학습에 의해 무당이 되는, 이른바 세습무도 있다. 강신무는 어디서든 굿을 할 수 있지만, 주로 남부 지방에 많은 세습무는 지역 개념이 강하다. 세습무에게 그 지역 단골판은 일종의 재산이나 다름없다. 세습무는 단골판과 함께 시어머니에서 며느리로 세습되는 경우가 많다.

### 무당의 기능

무당은 첫째, 종교 의례를 집전하는 사제이다. 신당을 관리하고, 신령에게 옥수(玉水, 맑은 샘물), 마지(밥), 과일을 올리는 등 일정한 법도를 지킨다. 둘째, 무당은 치병자로서의 기능을 한다. 무당도 일반적인 질병은 병원으로 보내지만, 병원에서도 어찌할 수 없는 경우 신령의 힘을 빌려 병의 원인으로 여겨지는 잡귀를 몰아내고 환자와 그 가정에 조화를 회복하려고 애쓴다. 셋째, 예언자로서의 기능을 한다. 신에 씌어 인간의 일을 알아내고 앞일을 가르쳐준다는 점에서 점복과 예언은 무당의 숙명적 기능이다. 『삼국사기』를 보면, 무당의 예언적 기능에는 사회적 차원의 예지력도 들어 있다는 점에서 고대 유대교의 예언자들과 비슷한 역할을 했던 사람들임을 알 수 있다. 넷째, 무당은 전통 문화 계승자로서의 기능을 한다. 무교에는 춤, 노래, 장단, 젯상차림, 복식, 무가, 악기 등과 관련된 많은 전통 문화가 있는데, 무당은 그것들을 일일이 학습하면서 계승해나간다. 예술을 중심으로 한국의 전통 문화를 오늘날까지 견지해온 주요 축이 바로 무당인 것이다.[4]

## 굿과 신령

굿은 대체로 세 부분으로 구성되어 있다. 첫 번째가 부정한 것과 잡귀 잡신을 물리치고 제의 장소를 정화한 뒤 모든 신령과 조상을 청하여 모시는 준비 과정이다. 두 번째는 다양한 신령들을 각기 그 해당거리에 모셔 신령의 메시지(공수)를 확인한 뒤, 춤, 노래, 술로 신령을 기쁘게 해드리고서 돌려보내는 본 과정이다. 세 번째는 앞에 끼지 못했던 잡귀 잡신까지 춤, 노래, 재담, 음식 등으로 놀게 해준 뒤 돌려보내는 종결 과정이다. 이렇게 해서 어떤 형식으로든 공동체에서 공감하는 대부분의 신령들과 적절한 관계를 맺고 고통스러운 세계 안에서 '재수'를 확보하려는 의례가 굿이다.

무교의 신령은 크게 세 부류로 나뉜다. 부부의 4대 조상까지 해당되는 조상신, 옥황천존, 일월성신, 용왕신, 부처님, 예수님, 관성제군(관운장), 와룡선생(제갈량), 최영장군, 태조대왕 등을 포함하는 정신正神, 억울하게 죽은 넋이나 사회에서 천대받던 계층의 넋에 해당하는 잡귀 잡신이 그것이다. 이 가운데 부처는 물론 그렇게 자신

4 한국의 전통 예술을 전승해온 다른 한 축은 기생이다.

들을 억압하던 종교의 대표자인 예수마저 정신正神의 부류로 받아들여지고 있는 것이 특기할 만하다. 이것은 무교의 놀라운 포용력을 보여준다. 밖에서 들어온 신도 우리나라에 터를 잡고서 덕을 끼치고 있다고 간주되면 경배하는 것이다.

### 무교의 민중성

무교는 인간이 다 알 수 없는 세계와의 조화를 통해 현실계의 안정을 추구하는 마음 자세를 반영해준다. 사회적 문제에 무관심하고 지나치게 초자연적이며 기복적이라는 비판이 있긴 하지만, 가장 오랫동안 한국인과 희로애락을 함께하면서 민중의 솔직한 심정을 반영해온, 한국적 정서의 근간이 되는 종교 현상인 것은 부정할 수 없는 사실이다. 무엇보다 고통받는 이들의 아픔을 치유하기 위해 하루 종일 땀을 뻘뻘 흘리면서 춤추고 노래하는 무당의 모습에서 우리는 기성 제도 종교의 사제들이 결코 해내지 못하는 강력한 민중 지향적 종교성의 발현을 본다. 바로 여기에 무교의 강점이 있는 것이다.

10

# 일본 종교의 근간 신도

## 일본적 종교성의 원형

앞에서 본대로, 한국적 종교성의 원형에 해당하는 것이 무교巫教라면, 일본에는 신도神道가 있다. 신도는 일본적 종교성의 근간이자 원형에 가깝다. 차이가 있다면, 한국 무교는 원시적 내지 자연발생적 형태를 오늘날까지도 일정 부분 유지해오고 있는 데 비해, 일본 신도는 20세기 들어 하나의 '종교 법인'으로 조직화되어 있다는 점이다. 물론 외형상으로는 하나의 종단처럼 독립되어 있지만, 여느 종단과는 달리 교조나 교리, 경전 등이 딱히 규정되어 있지 않다. 일본 역사의 시원에서부터 있어온 자연발생적 종교에 가깝기 때문이다. 불교와 같은 특정 종교 안에는 물론 대다수 일본인의 생활

습관 곳곳에 배어 있어서, 일본 내 여러 종교 가운데 하나로 분리시켜 설명하거나 규정하기도 힘들다. 그런 점에서 신도는 일본적 종교 현상의 근간이자 사실상 총체나 다름없다. 일본 문화의 핵심 자체인 것이다.

일본문화청에서 발간한 『종교연감』(1997)에서도 신도를 이렇게 정의한다. "일본 민족에 고유한 신 및 신령에 관련된 신념을 기반으로 발생, 전개되어온 종교를 총칭하는 말이자, 이와 같은 신과 신령에 관련된 신념 및 전통적인 종교적 실천뿐만 아니라 널리 생활 속에 전승되어온 태도나 사고방식까지 함의한다." 전체 일본인의 전체 역사 및 문화와 함께해온 광범위한 일본적 종교 현상이 바로 신도라는 것이다. 이 마당에 신도를 모르고서 어찌 일본을 알 수 있겠는가. 신도의 역사부터 구체적으로 살펴보자.

### 일본의 시작, 천황의 기원

일본의 신화와 역사를 기록해놓은 『고사기古事記』(712)와 『일본서기日本書紀』(720)에는 일본의 기원에 관한 비슷한 내용의 신화가 등장한다. 내용을 요약하면 대체로 다음과 같다. '태초의 혼돈 상태에서 하늘, 바다, 땅이 분리되고, 나중에 여러 신들이 나왔는데, 그중 이자나기와 이자나미라는 두 신이 결합해 낳은 섬이 일본이며, 이자나기의 왼쪽 눈에서 나온 태양신 아마테라스〔天照〕가 손자 니니기를 섬에 내려 보내 큐슈〔九州〕를 다스렸는데, 니니기의 증손

자가 일본 최초의 천황, 즉 진무 텐노〔神武天皇〕이다.'

이에 근거해 천황은 본래 태양신의 현신이자, 오늘날 125대 아키히토 천황에 이르기까지 그 천황의 가계도 지속되어왔다는 것이 일본인에게 익숙했던 신화적 사고방식이다. 물론 현대 일본인들이 천황을 실제로 신처럼 믿고 있는 것은 아니지만, 그런 식의 정서가 여전히 남아 있는 것은 분명하다. 그리고 일본의 창세 내지 건국 신화는 황실만이 아니라 일본 전역이 신들의 보호와 인도를 받고 있는 땅이며, 일본이 신으로부터 생겨나고 신들의 보호를 받는 우월한 나라라는 관념 속에서 형성된 것이라 할 수 있다.

### 가미와 신도 교학

신도神道는 음독하면 일본식으로 '신토'가 되고, 훈독하면 '가미노미치', 즉 '가미(신)의 길'이 된다. 이때 '가미'와 '길'이 무엇을 의미하는지 규정하기는 간단치 않다. 일본어에 '야오요로즈노가미〔八百萬神〕'라는 말이 있을 만큼 가미도 무수히 많고 용례도 다양하기 때문이다. 『고사기』에는 가미라는 명칭이 붙어 있는 것이 약 백여 개가 나오는데, 흔한 것이 천체, 산, 들, 강, 바다, 바람, 비, 지수풍토地水風土 등이며, 새, 짐승, 벌레, 수목, 풀, 금속, 돌 등 자연 현상이나 자연물에도 가미 명칭을 붙이고 있다. 그런 점에서 고대 신도는 현세적 정령 숭배animism에 기원을 두고 있다고 할 수 있다.

또한 가미가 많다는 말은 삼라만상 중 위력적 존재는 무엇이나 가미가 될 수 있다는 뜻이기도 하다. 소수이지만 인간의 능력이 신격화된 영웅신적 속성의 가미도 있고, 조상의 영을 가미로 숭배하기도 한다. 한자 '上'을 '가미'로 읽기도 하는데, 그것도 가미가 일반적인 능력 너머의 존재라는 것을 의미한다. 게다가 그리스도교의 신God도 가미라고 부르고 있으니, 근대 이후 가미라는 말의 외연은 더욱 확장되었다고 할 수 있다.

그럼에도 불구하고 거두절미하고 요약하면 일본인들에게 '가미'는 다양한 인간 욕망의 구체화라고 해도 과언이 아니다. 신도神道의 의미가 '가미, 즉 신의 길'이지만, 그때의 '길'도 도리, 이치, 가르침과 같은 추상적인 것이라기보다는, 다분히 민중의 종교적 욕구가 반영된 구체적이고 현세적인 것이다. 근대 신도 교학의 핵심도 본래 선하고 청정한 인간에게 악령이 깃들어 병이나 불행이 생기니, 신관神官의 축사祝詞나 제사를 통해 이러한 악의 기운을 떨치고 본래의 선한 차원을 회복해야 한다는 것인데, 이때의 '선'이라는 것도 대체로 현실적 풍요로움으로 나타난다. 건강이나 물질의 풍요는 신의 가호의 증거가 되는 것이다. 그리고 인간에게 해코지를 하는 악령이라는 것은 대부분 인간의 위로를 받지 못한 사후 영혼, 즉 원령怨靈이다. 이 원령을 조상신〔祖靈〕의 차원으로 승화시켜 잘 모시거나 신으로 받드는 것이 신도의 공양법이다. 그런 점에서 신도는 다양한 신들 및 조상신과의 적절한 관계를 통해 현실에서의 풍요를 추구하는 일본적 생활양식을 총칭하는 말이라고 다시 풀어 말할 수 있다.

## 불교와의 습합

신도 신앙 자체는 고대부터 있어왔지만, 신도가 오늘의 형식을 갖추게 된 것은 다분히 불교의 영향이 크다. 나라〔奈郎〕 시대(710-794)에는 백제로부터 불교가 전래되면서 옛적부터 내려온 정령 숭배 전통을 새삼 의식하게 되었고, 이 전통이 불교 신앙과 습합되면서, 여러 불보살들을 가미의 현현으로 해석하거나, 가미를 불법의 수호자라고 생각하는 경우가 많아졌다. 헤이안〔平安〕 시대(794-1193)에는 불교의 영향력이 더 커지면서, 가미와 부처가 서로 다른 존재가 아니라든지, 가미는 불보살이 스스로를 드러낸 실재라는 해석까지 등장한다. 가미는 부처의 도움을 얻어야 해탈한다고 생각한다든지, 각종 가미에다가 보살의 칭호를 부여하는 일들도 생겨났다.

일본 진언종의 창시자인 코보 다이시〔弘法大師〕는 부처와 보살이 나라마다 서로 다른 신으로 나타나는데, 일본에서는 가미의 모습으로 나타났다고 보았고, 일본 천태종의 창시자인 텐교 다이시〔傳教大師〕는 태양의 신 아마테라스를 대일여래大日如來의 현현으로 보기도 했다. 이것은 당시 신도를 불교적 세계관으로 설명할 수밖에 없을 정도로 불교가 우위를 점하게 되었다는 뜻이면서, 동시에 다양한 외래의 가르침들을 수용해내는 신도의 능력을 보여주는 것이기도 하다. 그리고 특별한 교단적 체계가 없던 신도는 불교 등 외래의 선진 종교들을 경험하면서 자신이 무엇인지도 점차 알아가게 되었다고 할 수 있다.

## 국가 신도의 출현과 야스쿠니 신사

불교 우위의 신불습합적 분위기는 그 뒤에도 지속되다가, 그리스도교 등 서양의 이질적인 문화가 수입되던 도쿠가와[德川] 막부시대(1603-1867)에 이르러 변화를 보이기 시작했다.[1] 이 시기에 외래문화의 영향으로부터 스스로를 지키기 위한 수단으로 신도 부흥운동이 시작되었고, 메이지[明治] 시대(1868-1912)에는 국민을 결속시켜 부국강병하기 위한 수단으로 신도를 채택, 국가의 공식 통치 이념으로 삼기에 이르렀다. 오랫동안 자연 신앙으로 머물거나 불교와 습합되어 있던 신도를 국가 종교화함으로써, 조상신 숭배 전통을 개인이나 마을 단위에서 국가적 차원으로 확대했다. 태양신 아마테라스를 모시고 있다는 이세신궁伊勢神宮은 물론 전국 각지의 지방신이나 영웅을 모시는 신사에 전 국민이 참배하도록 사실상 의무화했다. 천황가는 아마테라스의 후손으로 복원되었고, 집안에 조상신

1 막부[幕府, 일본 발음 바쿠후]는 1192-1868년 실질적으로 일본을 통치한 세습적 군사 독재자인 쇼군[將軍]의 정부를 말한다. 무사武士들의 지도자였던 미나모토 요리토모[源頼朝]가 일본 전역에 걸쳐 군사력을 장악하고 쇼군이 되어 1192년 가마쿠라에 최초의 막부를 설치했는데, 그것이 가마쿠라 막부(1192-1333)이다. 막부는 후에 도쿠가와 이에야스[德川家康]가 에도[江戶, 지금의 도쿄]에 세운 정부, 이른바 에도 막부(1603-1867)까지 지속되었다. 막부의 출현 이후 천황 정부의 법적 권위는 그대로 인정되었지만, 실제로는 막부가 군사, 행정, 사법 기능을 장악했다. 쇼군의 지위도 원칙적으로는 천황의 통제 하에 국가 군사력을 관장하는 장군이었지만, 실제로는 국가의 최고 통치자였으며, 천황은 적어도 메이지 시대 이전까지는 사실상 상징적인 존재에 머물렀다.

**야스쿠니 신사**

메이지 유신 직후인 1869년 건립되었으며, 8만여 개가 넘는 일본 전역의 신사들 가운데서도 가장 방대하다. 2차 세계대전 전범의 위패가 봉안돼 일본 정치인들의 참배 문제가 세계적인 이슈를 일으켰으며, 지금도 많은 일본인들이 민족적, 종교적, 관광상의 목적으로 끝없이 이곳을 찾는다. 사람들이 서 있는 곳이 배전拜殿이며, 그 안으로 본전本殿, 영영부봉안전靈靈簿奉安殿이 있다.

이 있듯이, 천황은 일본 전체에 해당하는 일종의 국가적 조상신 차원으로 선포되었다. 메이지 천황 사후에는 그를 모시는 신사(明治神宮)가 건립되었고(1920년), 오늘날까지 수많은 일본인과 관광객의 발길이 이어지고 있다.

이와 함께 1869년에는 메이지 유신기에 내전으로 죽은 이들을 제사하기 위해 도쿄초혼사(東京招魂社)를 창건했고, 10년 후 야스쿠니 신사(靖國神社)로 개칭했다. 그리고 점차 전란이나 전쟁, 1,2차 대전으로 죽은 이들의 혼령까지 합사해 제사드리기 시작했다. 그렇게 모셔진 이들이 2004년 기준으로 2,466,532위에 달하니, 그 후손들만 참배하러 온다 해도 야스쿠니 신사는 '사람' 잘 날 없는 곳일 수밖에 없다.

이 시대 야스쿠니 신사의 건립은, 이른바 '호국 영령'을 국가적 담론 체계 안에 두고 국민적 제사의 대상으로 삼되, 그 정점에 천황을 둠으로써 천황 중심의 통일 국가를 이루려는 정치적 의도의 표현이었다. 1890년 신도의 정신을 교육의 기본 가르침으로 삼은 일도 개인보다 국가를 앞세우고 국가와 하나되는 것을 최고의 명예로 알게 하기 위한 통치 전략이었다고 할 수 있다.

그러다가 2차 대전의 패배로 천황이 살아 있는 가미라는 주장은 공식 삭제되었고, 정치와 종교가 분리되면서 신도를 교육의 기초로 삼는 일도 금지되었으며, 신도는 하나의 종단 차원으로 격하되었다. 신사의 숫자도 11만 개에서 8만 개 정도로 줄었다. 그럼에도 불구하고 메이지 시대 천황을 정점으로 일본이 강력한 중앙집권적 통일 국가를 이루어본 경험은 일본 전체 역사를 놓고 볼 때 엄청난 변화가 아닐 수 없다. 오늘날 일본적이라고 할 만한 상당 부분이 그 당시 확립되었기 때문이다. 이런 식으로 일본의 시스템 사이사이에, 아니 한복판에, 신도적 정신이 깊숙이 들어와 있는 것이다.

### 근대와 전근대, 그리고 그리스도교

메이지 시대를 겪으면서 대다수 일본인은 불교나 유교보다도 황실과 조상을 모시는 신도가 더 일본적이라는 생각을 갖게 되었다. 일본적인 것에는 역사와 질서가 있는 데 비해, 외래의 것은 새롭지만 무질서하다는 관념도 갖게 되었다. 그리스도교로 대표되던 외래적인 것이 일본 사회에 자리잡지 못하게 된 것도 일본인의 이러한 사고방식 때문이었다.

한국에서는 그리스도교를 일종의 근대 문명의 '기호'처럼 받아들였지만, 일본에서는 그리스도교와 같은 외래의 근대적인 것들은 적어도 정신적인 차원에서는 신도와 같은 전근대적이고 전통적인 것에 얹어진 가지 수준을 넘지 못했다.[2] 신도가 나무의 뿌리라면, 그 외 다양한 종교 내지 사상은 이런저런 가지들에 비유할 수 있다. 뿌리는 파내기 힘들지만, 가지는 그만큼 쉽게 꺾일 수 있다는 뜻이기도 하다. 가령 일본에서 그리스도교는 꺾여도 생명에는 큰 지장이 없는 큰 나무의 잔가지와 같다. 그리스도교를 보면서 일본인은 신도와 같은 자신의 전통적 정체성을 더 생각하게 되는 경향이 크지, 굳이 그리스도교의 일원이 될 사회적 이유를 거의 느끼지 못한

2 가령 20세기 한국에서는 전근대적인 것이 타파의 대상이고 서양식 근대가 추구의 대상이었다. 일본에서도 서양 문화는 추구의 대상이기도 했지만, 한국과는 묘한 정서상의 차이가 있었다. 즉 메이지 시대 일본에서는 오래된 전근대가 '질서적인' 것이었다면 다양한 외래 사상들이 뒤섞인 근대는 '무질서한' 것이라는 이해가 생겨났다는 사실이다. '무질서'하게 밀려온 비전통적 사상들이 천황제를 정점으로 하는 전통적 '질서'와 대비되면서, 천황제 중심의 질서 잡힌 '전근대'가 외래 사상 내지 비전통 사상의 '근대'를 그대로 흡수하게 되었다는 것이다. 물질 문명 차원에서는 서양적 근대성을 추구했지만, 정신 문명 차원에서는 전근대, 즉 전통을 고수하고 발전시켰다. 그리하여 서양화와 동일시되지 않는 근대화를 이룬 대표적인 나라가 된 것이다. 기술은 서양에서 빌리지만 정신은 일본의 것을 지킨다는, '화혼양재和魂洋才'라는 메이지 시대의 표어가 이것을 잘 설명해준다.

다. 더군다나 특정 종교 공동체에 소속되어 정기 종교 의례에 참여하는 식의 문화는 일본인에게 여전히 낯설다. 그저 문화화 내지 뿌리화한 신도적 분위기면 충분히 종교적인 것 아닌가 생각하는 경향이 여전히 강하다.

## 일상 문화로서의 신도

상당수 일본인 가정에는 가미다나(神棚)가 설치되어 있다. 불자 집안에서는 가미다나 대신에 부쓰단(佛壇)을 두거나, 둘 다 설치하기도 한다.[3] 가미다나에는 조상의 신위나 각종 신상, 신사에서 발행하는 오후다(부적), 종교적으로 의미 있는 상징물 등이 모셔져 있다. 집에 선물이 들어오면 먼저 부쓰단에 올려두고 조상신 또는 집안에서 모시는 가미에게 신고한다. 신년에는 집집마다 대문 앞에 일 년간 집안에 복이 깃들기를 바라며 가도마츠(門松)라는 소나무 장식을 걸고, 전 국민의 절반 이상이 신사에 참배한다.

가미다나든 부쓰단이든 또는 신사참배든, 설치하고 섬기는 사람의 기본 심성이나 자세는 크게 다르지 않다. 그 안에는 부처님이든 조상신이든 특정 신들과의 관계 속에서 가족의 안녕과 건강 등을 염원하는 기복적 사고방식이 기본적으로 들어 있는 것이다. 한국인

3 2004년 조사에 의하면, 일본인의 절반가량이 집 안에 부쓰단(불단)을 설치하고 있고, 44%가량이 가미다나(신단)를 두고 있으며, 부쓰단과 가미다나를 모두 설치하는 경우도 제법 된다고 한다.

의 눈으로 보면 상당히 전근대적인 것처럼 보일 법한 관습적 행위들이 일본인에게는 너무도 친숙한 일본적 전통으로 지속되어오고 있는 것이다. 일본이 오랜 전통을 적절히 유지하면서도 서구 문명을 소화, 발전시킨 근저에 신도적 정신이 놓여 있는 셈이다.

### 현세적 희망의 투사

일본에 "사람이 좋아하는 것은 신도 좋아한다"는 속설이 있다. 신도의 가미는 인간의 희망 내지 욕망의 투사 그 자체라고 해도 과언이 아닐 정도이다. 세속적 욕망을 그 '욕망의 얼굴'을 한 가미의 이름으로 정당화하되, 그를 위한 번잡한 종교 의례에 집착하거나 매이지 않으며, 일상적 삶과 분리된 종교 공동체에 속하려 들지 않는다. 일본인에게 종교는 늘 그래왔던 삶 '밖'에 있는 것이 아니다. 새로운 문명이 수입되어도 그것을 전통적인 정서에 어울리게 변용해 적절히 향유할 수 있으면 충분하다고 느낀다. 이런 정서 속에서, 아이가 태어나면 신사의 신들에게 보고하고, 결혼식은 그리스도교 교회나 호텔의 채플에서 하지만, 사후에는 사찰에 묻히는 자연스러운 풍토도 생겨나는 것이다.

특히 현대 일본 사회에서 그리스도교라는 종교는 여전히 낯설고, 실제로 관심도 없지만, 그렇다고 굳이 거부할 이유도 없다는 것이 일본인의 마음이다. 도리어 낯선 만큼 신선한 느낌을 가지고 청춘 남녀의 결혼식이 교회나 교회식으로 꾸민 호텔의 예식장에서 이루어지고 있는 것이다. 물론 이때 그리스도 교회는 생활의 풍요를 위한 수단일 뿐이다. 할로윈 데이를 즐기는 것과 비슷한 마음으로 크리스마스 파티를 벌이고 도시를 꾸미며 즐기는 것으로 충분하다. 이러한 정서가 일상 너머의 초월적인 것에 진지할 것을 요구하는 그리스도교가 일본에 자리잡지 못하는 중요한 이유로 작용하기도 하는 것이다.

## 일본 문화의 심층

한국인이 스스로를 유교인이라고 규정하지 않으면서도 유교적 질서에 따라 살아가듯이, 한국의 대형 개신교회의 정서 속에 오랜 무교적 전통이 신자들 자신도 모르는 사이에 스며들어 있듯이, 신도도 마찬가지이다. 신도가 하나의 종교 법인으로 등록되어 있는 오늘날, 자신의 종교를 신도라고 밝히는 일본인은 3% 내외, 조사에 따라서는 1% 정도에 지나지 않는 것으로 보고되지만, 곤란한 일을 만나면 신사를 찾거나 가미에게 기도하는 여전히 자연스럽기 때문이다. 종교 법인으로 등록된 신사만 81,304개소(2002년 기준), 분사 숫자까지 합하면 14만 개소에 이를 만큼, 신사는 어느 동네 어느 길가에서나 흔히 볼 수 있는 지극히 일본적 종교 현상이다. 신도를 모르고서 일본의 종교와 문화 그리고 사회를 말할 수 없는 것이다.

11

한국에서 세계로 **한국의 신종교**

## 외래 종교와 자생 종교

지금까지 유대-그리스도교, 이슬람, 힌두교, 유儒·불佛·선仙, 무교巫敎, 그리고 신도에 이르기까지 한국과 깊은 연관을 가졌거나 한국화한 세계의 다양한 종교들에 대해 살펴보았다. 물론 유대교와 힌두교, 그리고 신도는 한국에 직접 들어와 있는 종교 전통이 아니지만, 유대교와 힌두교의 세계관은 각각 그리스도교와 불교를 통해서 한국인에게 음으로 양으로 영향을 끼치고 있으며, 신도 역시 외형적으로는 자연발생적인 일본인만의 종교이지만, 한국과의 긴밀한 역사적 관계를 놓고 보면 한국인은 크든 작든 신도 문화로부터 자유로울 수 없다. 무엇보다 메이지 시대 국가주의화한 신도적 정신이 한반도를 시작으로 하는 대륙 침략 계획 속에 반영되었다는 점에서 그렇다. 신도 계열의 일본 신종교인 천리교天理教가 한국에 들어와 포교하고 있는 것은 물론, 일본 정치인의 야스쿠니 신사 참배를 둘러싸고 한일 간에 끊임없는 설전이 오고가는 데서도 한국인은 신도와 무관할 수 없는 것이다.

그런데 이상의 종교들 가운데 공통점이 있다면, 무교를 제외하고는 모두 한국 밖의 종교 또는 한국 밖에서 생겨난 종교이며,[1] 한국의 종교 문화는 대부분 주변 강대국에 대한 짝사랑 속에서 형성되어왔다는 점이다. 주변 강대국에서 유행하는 것은 거의 한국으로 흘러들어왔다. 아니 흘러들어왔다기보다는 적극적으로 받아들였다.

가령 조선 시대까지 1,500여 년 동안은 중국에서 받아들인 유 · 불 · 선을 배우며 소화하던 시기였고, 중국이 영국(아편전쟁, 1840-42)과 일본(청일전쟁, 1894-95)에 무력하게 무너지면서부터는 중국을 통해 프랑스에서 들어온 천주교에 기대기 시작하다가, 20세기 들어서는 주로 미국의 선교사들이 전해준 개신교로부터 큰 영향을 받아왔다. 일본과의 묘한 애증 관계 때문에 드러내놓기를 꺼리는 경향이 있지만, 앞에서 잠깐 본 일본 신도 계열의 신흥 종교인 '대한천리교'나 'SGI 한국불교회' 같은 일본 불교를 신봉하는 한국인들도 이미 상당한 숫자에 이른다. 그러고 보면 유 · 불 · 선은 물론이거니와

1 물론 한국 무교의 기원도 명확히 밝히기는 쉽지 않은 일이지만, 대체로 한국 민족 역사의 시초부터 있었던 종교 현상인 것은 분명하다.

가톨릭, 개신교, 그리고 은근히 퍼지고 있는 일본 종교들까지 대부분 '힘 센' 나라에서 들어온 종교들인 셈이다.

외래 사상을 받아들여 한국적으로 소화해내는 이러한 현상은 한편에서 보면 자연스럽고 다행스러운 일이다. 이를 통해 한국이 역동적으로 변화해가며 더 풍요로워질 것이기 때문이다. 하지만 한국적 정체성 확립에 조금이라도 관심을 기울이는 한국인이라면 이러한 사실이 그렇게 자랑스럽기만 한 일은 아니다. 이 나라는 과연 강대국으로부터 이것저것 받아들일 줄만 알지 독창적인 사상을 만들어낼 줄은 모르는 나라인가? 한국에는 과연 고유의, 그리고 세계에 내놓을 고도의 자생적 가르침이 없는 것일까?

아니다, 있다. 우리도 세계적 보편성을 획득할 수 있을 가능성이 큰 우리 고유의 자생적 가르침들을 가지고 있다. 풍전등화와 같이 국운이 위태로웠던 조선 말 이 땅에서 집중적으로 생겨나기 시작한 종교적 천재들의 가르침과 그로 인해 성립된 종교들이 그것이다. 이 천재들은 한국적 주체성과 민족성에 근거한 희망적인 메시지를 선포하면서 한국을 세계의 중심국으로 부상시키고 싶어하는 마음을 한결같이 가지고 있었다. 그것은 단순한 희망 사항이 아니라 이들에게는 확신이었다. 한국을 중앙에 놓은 일종의 후천개벽後天開闢 사상을 펼치면서 새로운 세상의 도래를 선포했다. 그리고 그 세상 안에 적극적으로 참여할 것을 요청했다. 이러한 흐름의 선두 주자인 동학부터 살펴보자.

## 동학-천도교

동학東學은 수운 최제우(水雲 崔濟愚, 1824-1864)가 어지러운 세상에 대해 탄식하고 고민하던 중 경주 용담정에서 상제(한울님)를 만나 종교적 사명을 받는 체험(1860년, 37세)으로부터 시작되었다. 그때 받은 계시의 핵심은 모든 이가 '하늘을 모시고 있다〔侍天主〕'는 주문 내용에 담겨 있다. 수운은 이로 인해 '내 마음이 곧 한울님의 마음〔吾心卽汝心〕'이라는 사실을 깨닫게 되었고, 이러한 체험을 「용담가龍潭歌」, 「논학문論學文」, 「수덕문修德文」 등을 지어 표현하는 한편, 뜻을 함께할 동지 모임을 '접接' 조직을 통해 체계화해나갔다. 그것이 서학西學을 넘어설 수 있는 동방의 가르침, 즉 동학東學이라고 믿었다. 또 수운은 칼노래를 짓고 칼춤을 추면서 자신의 깨달음을 표현하기도 했는데, 이것이 삿된 술로 혹세무민하며 반역을 도모하는 행위로 간주되어 체포되었고, 그 다음해 참수형에 처해졌다. 만 39세 때였다.

인간은 누구나 평등하게 하늘을 모시고 있다는 수운의 가르침은 신분, 성별, 나이로 인한 차별이 극심하고, 외세에 의한 침탈이 고조되던 시기에 선포되었던 선구자적이고 혁명적인 인간 평등 사상이었다. 동학이 우리 민족사에 찬연히 빛나는 농민 혁명(1894년)으로 확대, 전개될 수 있었던 데에도 이러한 가르침이 기초에 놓여 있었다. 이 수운의 정신은 2대 교조인 해월 최시형(海月 崔時亨, 1827-1898)의 독창적인 가르침을 통해 이어지고, 3대 교조인 의암 손병희

(義菴 孫秉熙, 1861-1922)를 거치면서 천도교天道教라는 교단 종교로 거듭나는 근간이 되었다.

후계자 해월은 시천주 사상을 자신 안에 모셔져 있는 한울님〔天主〕을 기른다〔養〕는 '양천주' 사상으로 전개시켰고, 사람을 하늘처럼 섬긴다〔事人如天〕는 유명한 윤리적 가르침으로 나타내기도 했다. 더 나아가 그 '모심'을 일체 사물에까지 적용하는 '범재신론적' 사유 체계로 확대시켜 나갔다. 삼라만상에 한울님이 깃들어 있으니 그 무엇 하나 귀하지 않은 것이 없으며, 사람이 음식을 먹는 행위도 '하늘로 하늘을 먹는 일〔以天食天〕'이라고 해석했다. 만물의 고귀함과 그 고귀함에 빚지고 사는 인간의 책임감을 더욱 강조한 말이라고 풀 수 있을 것이다. 이러한 정신은 사람을 대할 때든 사물을 접할 때든 진실해야 한다는 '대인접물〔待人接物〕'이라는 말 속에도 잘 담겨 있다.

**천도교 중앙대교당**
동학의 3대 교조인 의암 손병희의 주도로 1918년에 시작해 1921년에 완공된 종교 시설이자 일제 강점기 때 항일 운동의 거점 건물. 당시 명동성당, 조선총독부와 함께 조선의 3대 건축물로 꼽혔다. 현재 서울시 유형문화재 36호로 지정되어 있지만, 문화재적 가치의 측면보다는 한국 근대사의 한복판에 있는 동학 운동과 사상의 가시화라는 점에 사상사적, 정신문화적 의미가 더 크다. 사진 오른편에 반쪽만 나온 흰색 건물은 1971년 준공된 천도교 운영의 주요 수입원인 수운회관이다.

또 해월은 소나 돼지

같은 짐승을 제물로 하는 제사 의식을 폐하고, 제사에는 맑은 물, 즉 청수淸水 한 그릇이면 족하다고 가르쳤으며, 땅을 어머니의 살결처럼 귀하게 여겨야 한다는 일종의 여성주의적 경물敬物 사상을 구체화시키기도 했다. 21세기 지구촌을 이끌어갈 대안적 사상인 에코페미니즘이 이미 19세기 해월에게서 선구적으로 제시되고 있었던 셈이다.

나중에 동학을 천도교로 개명하면서 한국의 독립운동, 신문화운동 등을 주도했던 의암 손병희를 포함한 동학의 세 지도자의 가르침을 잘 묶으면 천도교의 핵심 사상이 정리되는데, 곧 남녀노소 빈부귀천을 막론하고 사람은 누구나 하늘을 모시고 있으니〔侍天主, 수운〕, 그 하늘의 성품을 잘 길러〔養天主, 해월〕, 사람이 곧 하늘과 같다〔人乃天, 의암〕는 놀라운 사실을 구체화시켜야 한다는 것이다. 이러한 가르침이 구체화되는 세상이 동학에서 말하는 후천개벽의 세상일 것이다.

이런 식으로 민족적 주체성을 확립하는 가운데, 20세기 초에 이미 여성 운동, 어린이 운동을 주도하고, 이를 통해 인간의 보편적 존엄성을 구체화시키려고 했던 자랑스러운 역사를 가지고 있는 것이 동학, 즉 오늘날의 천도교이다. 비록 일제 강점기에 조선의 종교라는 이유로 수난을 당하고, 남북 분단 후 북쪽과 달리 남쪽의 세력은 크게 약해졌지만, 천도교는 한국에서 자생한 선구자적인 종교이면서, 여성 문제, 환경 문제와 같은 현대 세계의 난제를 풀어갈 수 있는 사상적 기초까지 갖추고 있는 예언적 종교이기도 하다.

## 증산교

엄밀히 말해 현재 증산교라는 이름의 종교는 없다. 증산교란 구한말 종교적 천재인 증산 강일순(甑山 姜一淳, 1871-1909)으로부터 시작되었다가, 그의 사후 여러 종파로 갈라져 나간, 증산 계열의 종교를 포괄적으로 일컫는 말이다.

증산은 24세 때 자신의 고향인 고부—현재의 정읍—에서 일어난 동학 혁명을 목도하고 민중의 처참한 현실에 마음 아파하면서 세상 구원의 이치를 탐색했다. 27세 때부터 3년간 조선 팔도를 순례하다가, 31세 때(1901년) 전주 모악산에서 수도하던 중 천지 운행의 큰 이치를 깨달았다. 그는 세상이 이렇게 혼란스러워진 것은 오랜 과거부터 맺혀져 있는 신령계의 '원怨' 때문이라 확신했고, 그러한 원을 푸는〔解〕 작업에 전 생애를 걸었다. 그것을 '천지공사天地公事'라 하는데, 그것은 사람과 사람, 남성과 여성, 사람과 사물 사이에 잘못 짜여진 지금까지의 세계, 즉 선천 세계의 잘못된 원리를 바로잡는 작업이다. 잘못된 관계로 꼬인 신령계의 무질서, 즉 '원'을 풀면서 우주적인 조화를 도모하는 대규모의 살풀이와도 같다. 그런 점에서 증산은 아주 큰 무당이라고 해도 틀리지 않을 성 싶다.

증산의 엄청난 상상력과 비범함은 곧 제자들을 불러모았다. 증산 자신이 스스로를 미륵불 또는 상제로 칭하기도 했지만, 무엇보다 제자들이 증산을 그렇게 받아들였다. 본인이 무어라고 주장하는 것과 남들이 실제로 그렇게 받아들이는 것은 다른 문제이다. 하지만 제자들은 증산 선생이야말로 구천상제께서 몸을 입고 이 땅에 오신 분이라고 믿었다. 그만큼 그는 흔히 말하는 '카리스마'가 뛰어났다.

그에게는 자연계도 마음대로 부릴 수 있는 능력이 있다고 믿어졌다. 그의 상상력도 일반적인 상상 이상이어서 늘 전 우주와의 관계 속에서 자신과 세계를 해석했다. 그러면서도 허황된 데 머물지 않고 늘 '척隻을 짓지 말라', '은혜를 입었으면 반드시 갚으라'는 윤리적인 요청을 했다. 여기서 '척'이란 일종의 원한, 아픔을 의미한다. 그러니까 다른 이를 아프게 하지 말며, 자기가 받은 도움은 반드시 되돌려주어야 한다는 것이 증산의 평범하면서도 비범한 윤리적 요구이다. 여기에다가 신령계와 통하는 수행, 즉 주문을 외우면서 이루어지는 '도통공부道通工夫'가 동반된다면 그것이야말로 잘못 짜인 선천 시대의 원을 풀고 후천개벽 시대를 앞당기는, 증산의 말대로 '조화정부造化政府'를 세우기 위한 인류의 가장 기본적이고 보편적인 실천 강령이 되는 것이다.

증산이 특별한 후계자를 지명하지 않은 채 사망하는 바람에 그의 사후 한때는 분파가 백여 개까지 늘어날 정도로 교파 분열이 심했다. 그중 증산의 제자 차경석이 세운 보천교普天教가 유력한 교단이었으나, 곧 여러 갈래로 분열된 데다가 차경석이 사망(1936년)한 이후에는 지리멸렬해졌다. 그 뒤 조철제가 세운 태극도太極道가 위세를 떨쳤으나 현재 대표적인 교단으로는 누구든 '증산도'와 '대순진리회'를 꼽는다.

이 가운데 가장 큰 교단은 한때 태극도에 몸담았던 박한경(朴漢慶, 1917-1996)이 1972년에 새롭게 창시한 대순진리회이다. 대순진리회란 '증산 상제께서 천하를 크게 순례(大巡)해서 얻은 진리眞理를 종지로 하는 모임'이라는 의미에서 붙여진 이름이다. 이 단체는 한때 일부 신자들의 지나치게 기복적이고 주술적 사고방식으로 인해 사회 문제를 불러일으킨 적도 있지만, 대진고, 대진대 등 각종 교육 기관과 제생병원 등 의료 기관을 세워 꾸준히 교단 내 인재 양성을 도모하고 각종 사회 사업을 실천한 결과 규모상으로는 현재 한국의 6대 종단에 포함될 만큼 괄목할 만한 신장세를 보이고 있다. 이와 함께 최근에는 중국에 대학을 설립하는 등 해외 포교에도 적극 눈을 돌리고 있는 중이다.

**대순진리회 여주본부도장**

대순진리회에는 도장, 회관, 포덕소라는 3개 단위의 포덕布德 센터가 있다. 이 가운데 도장은 증산 상제와 천지신명을 모신 영대가 있는 곳으로서, 도인들이 정기적으로 모여 참배하고 각종 치성 행사를 하기도 한다. 서울 중곡동에 본부가 있었으나, 1993년 여주도장이 완공되면서 이곳을 본부 도장으로 쓰기 시작했다. 이 밖에 대진대학교와 나란히 있는 포천도장을 비롯해, 금강산도장, 제주도장 등 모두 5개의 도장이 있다.

안경전을 중심으로 1980년에 창립된 증산도는 증산의 가르침을 보은報恩, 해원解冤, 상생相生, 후천개벽後天開闢, 원시반본原始返本 등으로 요약하면서 그 세계 원리가 주로 한민족을 중심으로 실현될 것이라고 주장한다. 주로 대학가 동아리를 통해 포교하는 경향을 보여주면서, 일반인에게까지 영역을 계속 확장하고 있는 중이다.

### 원불교

한국에서 생겼으면서 세계 종교로 거듭날 수 있는 가능성이 가장 큰 종교는 원불교라고 생각된다. 이름 때문에 흔히 원불교를 불교의 한 종파로 착각하는 사람들이 제법 있지만, 그렇지 않다. 원불교는 소태산 박중빈(少太山 朴重彬, 1891-1943)으로부터 시작된 순수 한국 종교이다. 소태산은 어려서부터 세상 돌아가는 이치를 알고 싶어, 기도도 하고 치성도 드리고 이런저런 현자들도 만나 배우며 정진했다고 한다. 그러다 26세 되던 1916년 4월 28일 정신이 맑아지면서 그동안의 의문이 한꺼번에 풀어지게 되었다. 그 뒤 그는 유 · 불 · 선, 동학, 그리스도교 등 각종 종교의 경전들을 열람하면서 자신의 깨달음을 성현들의 가르침과 비교해보았고, 결국 자신의 깨달음이 붓다의 그것과 같다는 사실을 확인하게 되었다. 그런 뒤 제자들을 모아 전남 영광 지역에서 '불법연구회'(1925년)를 창립했고, 활동지를 이리—오늘의 익산—로 옮긴 뒤에는 교단 확립 작업에 더욱 박차를 가했다. 불법연구회는 그의 사후 제자인 정산 송규

(鼎山 宋奎, 1900-1961)에 의해 1948년 '원불교圓佛教'로 개명되었다.

소태산은 급격하게 변해가는 물질 문명 시대에 걸맞는 정신 문명의 개벽을 추구했다. 원불교를 창립하면서 '물질이 개벽되니 정신을 개벽하자'는 표어를 내건 것도, 후에 정신과 육체를 둘 다 온전히 한다는 '영육쌍전靈肉雙全' 교리가 생겨난 것도 이러한 소태산의 입장을 반영해준다.

원불교 교당에는 불상은 없고 원圓의 형상만 걸려 있다. 이것은 소태산이 등신불과 같은 것의 영험함에 기대는 민간 불교의 기복성을 비판하고서 진리의 구체적 표현을 원의 형상, 즉 일원상一圓相으로 삼은 데서 비롯된다. 그는 더 나아가 불교의 공空이든, 그리스도교의 하느님이든, 동양 전통의 도道든 모두 '일원'의 다른 표현이라는 입장을 견지했다. 이런 정신을 이어받아 원불교에서는 다양한 종교 전통들을 한 지붕 아래 있는 형제/자매들로 간주하고, 종

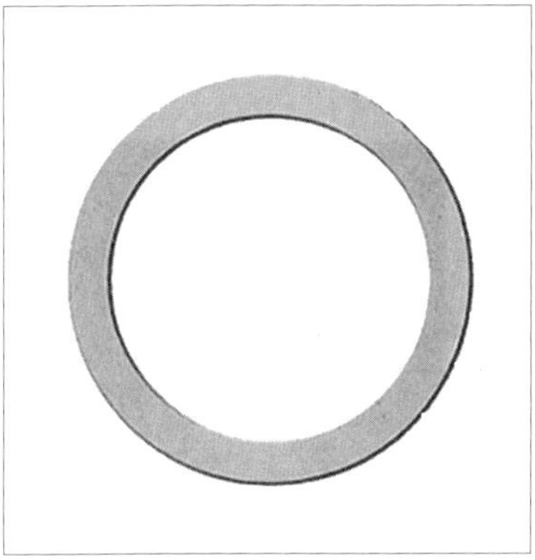

**법신불일원상**

법신불을 현대 용어로 번역한다면 진리 자체가 될 것이다. 원불교에서는 이 법신불을 '하나의 원의 모습(一圓相)'으로 상징화한다. 모자랄 데 없는 원만구족한 진리의 모습이 깨달은 성자들 안에 드러났고, 모든 인간 안에 차별 없이 주어져 있다는 것이다. 원불교도는 이 일원상을 신앙의 대상으로, 성자들이 보여준 삶의 모습을 수행의 표본으로 삼는 이들이다. 모든 원불교 교당에는 이 일원상이 전면에 걸려 있다. 적어도 그 의미상으로는 이 일원상만큼 온전하게 느껴지는 종교적 상징도 드문 것 같다.

교연합운동United Religion을 벌일 만큼 상당히 종교 포용적인 자세를 취한다. 그러면서 기존의 불교적 가르침 내지는 세계관과도 상통하도록 붙여진 이름이 '원불교'인 것이다.

이와 함께 소태산은 전통 불교의 지나친 탈세속적 자세를 비판하면서, 의도적으로 개혁적이고 실용적인 불교를 견지해나갔다. 그런 정신에 따라 현재 원불교의 교당은 대부분 도시에 있고, 교직자, 즉 교무는 결혼을 할 수도 있으며, 다른 직업을 가질 수도 있고, 적어도 제도 차원에서는 남녀 간의 차별이 거의 없다. 하지만 남자 교무는 대부분 결혼한 데 비해 여자 교무는 대부분 결혼을 하지 않았다는 현실은 어찌 되었든 남녀 동권을 이루려는 제도적 원칙에는 모순되는 분위기인 것 같다. 물론 구조적으로 남녀 간의 사회적 차별이 상존하는 한국 사회에서 남녀 동권을 실현하려는 시도 자체가 힘든 일인데다가, 이미 일제 강점기부터 그런 것을 제도화하려 했다는 사실 자체에 보통 이상의 의미가 있는 것은 분명하다.

소태산의 정신을 더욱 개혁적으로 교단화한 인물은 정산이다. 그는 오늘날의 원광대학교를 설립했고(1946년), 소태산의 언행록인 『대종경』 편찬 작업을 주도했다. 정산이 열반한 다음해 교단에서는 『대종경』에다가 소태산이 직접 만든 『정전』을 더해 『원불교 교전』을 탄생시켰다. 정산은 생시에 원불교의 정신을 모아 인간의 기본 윤리를 확립했다. 그것이 이른바 삼동윤리三同倫理인데, 첫째가 동원도리同源道理, 즉 모든 종교가 같은 뿌리를 가졌다는 이치이고, 둘째가 동기연계同氣連契, 즉 모든 이가 같은 기운으로 연결되어 있다는 진리이며, 셋째가 동척사업同拓事業, 즉 모두가 일원 세계를 지향하는 동일한 개척 사업을 벌이자는 제안이다. 정산은 이것을 다시 "한 울안 한 이치에, 한 집안 한 권속이, 한 일터 한 일꾼으로 일원 세계 건설하자"라는 우리말로 풀었다.

모든 곳이 불상이니 모든 일을 불공드리듯 한다〔處處佛像 事事佛供〕든지, 어느 때든 어디서든 선禪의 자세로 살아간다〔無時禪, 無處禪〕든지, 불법의 실천과 일상생활은 동일하다〔佛法是生活, 生活是佛法〕든지 하는 원불교의 기본 강령들은 알고 보면 모두 동일한 의미를 지니고 있다. 성속의 이원적 구분 없이 일상과 종교를 일치시키려는 정신인 것이다. 교리적으로는 기존 불교와 크게 다르지 않으면서도 그것을 제도적으로 확립하려는 움직임에서는 원불교가 좀더 기민하다고 할 수 있다. 이런 정신으로 각종 교육 기관, 병원, 복지 기관 등을 설립했고, 미국에도 정규 대학인 원불교 선학대학원을 설립하는 등 해외 포교에도 박차를 가하고 있다. 13개 이상의 나라에 90명 이상의 교무를 파견하고 있는 원불교는 본 장의 제목을 '한국에서 세계로'로 잡은 것이 과장만은 아니라는 것을 보여주는 사례라고 할 수 있다.

## 종교 체험의 해석적 측면

이렇게 해서 천도교, 증산교, 원불교를 중심으로 세계에까지 손길을 뻗치고 있는 한국의 신종교에 대해 간략하게 정리했다. 이제는 신종교라는 말이 어울리지 않을 만큼 한국사적 영향력이 확인되어가고 있고, 교단의 제도화도 웬만큼 이루어져가고 있는 상황이다. 물론 이들의 미래를 아직 전적으로 낙관할 수는 없지만, 그럼에도 불구하고 신종교라고 이름 붙일 수밖에 없는 것은 어디까지나 1,500년 내지 2,000년, 또는 역사를 확인할 수 없을 만큼 오래된 세계 대종교 전통들을 의식하지 않을 수 없기 때문이다. 신종교란 이들에 견준 상대적 표현이나 평가일 뿐이다.

천도교의 교세가 한국 역사적 영향력에 비해 상당히 위축되어 있는 현실이 몹시 안타깝지만, 어찌 되었든 이들 종교는 무엇보다 한국에서 자생했으면서 세계에 더욱 널리 소개되어야 할 탁월한 가르침들이다. 이러한 종교 사상이 없었다면, 한국의 역사와 사상을 돌아보면서 일단의 허망감이 들었을지도 모를 일이다. 이들을 제외하고 한국의 철학, 종교, 사상이라 할 만한 것들은 대부분 한국 '밖'에서 온 것들이지, 순수하게 한국 '안'에서 '자생'한 것은 없기 때문이다.

물론 한국의 안과 밖을 엄밀히 따진다든지, 순수하게 다른 것에 영향받지 않고 스스로 일어난〔自生〕 종교라는 표현을 쓰는 것은 불가능하거나 적어도 과장된 일이다. 어떤 사상이든 무슨 종교든 허공에서 뚝 떨어지는 법은 없다. 모두 그 사상이나 종교가 생겨난 지역의 종교 문화적 상황으로부터 음으로 양으로 영향을 받으면서 형성되게 마련이다. 가령 동학의 창시자인 수운의 아버지는 유학자였으며, 수운 자신도 상당한 유학적 지식을 가지고서 유교를 개혁하고자 했다. 동시에 그가 제시한 '시천주' 주문은 주문 자체의 영험함을 전제하고 있다는 점에서 어느 정도 도교적 측면을 반영해주는 예이기도 하다. 더욱이 '서학'을 반대하면서 붙여진 '동학'이라는 이름 자체에 역설적으로 이미 서학의 영향이 들어 있다고도 할 수 있다.

원불교는 기본적으로 불교 없이는 확립될 수 없는 종교였을지도 모른다는 점에서 종교간 상호 영향력의 결정적인 사례이기도 하다. 뿐만 아니라 원불교에는 증산 사상의 영향도 보인다. 소태산이 깨달음을 얻은 이후 한때 증산교식 치성을 드리기도 했고, 정산 역시 보천교의 전신인 태을교에 몸담았던 적이 있다는 사실도 그 증거이다. 물론 원불교도 동학에서 시작된 새로운 사조의 물결을 타고 일어난 종교 현상이라는 점에서 원불교와 동학의 관계 역시 긴밀하다. 아무리 하늘의 계시를 독점하고 있는 듯 포장을 해도 하늘의 계시는 이 땅의 다양한 종교 문화적 상황 속에서만 들리는 것임을 보여주는 사례들인 것이다.

증산 계열의 종교들도 마찬가지 구조에 따른다. 증산이라는 역사적 인물이 그 제자들에게 일종의 우주적 존재인 상제로 받들어지게 된 것도 한국적 상황과 토양에 어울리는 일종의 해석이다. 종교사학적으로만 보자면 강일순이라는 인물이 스스로를 상제로 내세우면서 그에 동의하는 제자들을 규합해 하나의 종단으로 확립해나갔다는 식의 현상 보고적 서술만을 주로 할 수 있겠지만, 대순진리회 신자들의 눈에는 구천상제께서 육신을 입기 이전에 이미 천하를 대순大巡하신 뒤 이 땅에서 30년간 몸을 감추고 계시다가 최제우를 거쳐 일순이라는 존휘를 쓰는 분에게 결정적으로 나타나신 일로 믿어진다. 응당 그러한 신앙적 해석에는 넓게는 극도로 혼란스러웠던 구한말의 문화사적인 지평이, 좁게는 막연하게나마 하늘 혹은 상제에 대한 신앙을 가지고 살아오던 한국인 개개인의 삶 내지는 상황이 들어있다. 애당초 하늘에 대한 신앙이 없었다면 어찌 선천先天, 후천後天, 개벽開闢에 근거한 세계관과 같은 것이 등장할 수 있었겠는가. 유 · 불 · 선은 물론 무속, 동학, 서학, 주역 등 기존 한국인의 종교적 선이해들이 증산의 가르침을 낳게 하고 또 이해하게 하는 지평으로 작용하게 되는 것이다.

확대해보면, 이것은 유 · 불 · 선은 물론 앞에서 보았던 그리스도교, 더 나아가 이슬람이나 유대교 등에도 모두 적용된다. 유대교는 유대인들의 오랜 습속이 가나안 종교, 바빌로니아, 페르시아, 그리스 종교 문화 등과 관계를 맺으며 형성되었다. 유대인 예수에서 시작된 그리스도교가 그리스 문화와 만나지 못했다면 그것은 유대교의 한 종파 운동으로 머물렀을 것이고, 유대-그리스도교 없는 이슬람이라는 것도 존재론적으로 성립 불가능한 일이다. 힌두교 없는 불교 역시 마찬가지이다. 한국의 경우 무교적 요소 없는 유 · 불 · 선이 있을 수 없고, 유 · 불 · 선 없는 한국도 상상할 수 없다. 복합적이고 중층적인 한국의 종교 문화가 배제된 한국의 그리스도교라는 것도 불가능하다. 그리스도교가 한국의 종교 문화 전통과 만나지 않았다면 한국 안에 들어올 수조차 없었을 것이기 때문이다.

이렇게 나열하자면 끝도 없다. 이것이 세상 돌아가는 너무나 당연한 이치이기 때문이다. 종교인이든 비종교인이든 당대를 살아가는 이들이라면 누구든 기존의 역사, 문화적 지평은 물론 오늘의 세계를 휩쓸고 있는 자본주의 문화, 과학 문명의 영향을 받지 않을 수 없다. 이들과의 관계성 속에서 스스로의 정체성을 규정해가야 하는 형편에 처해 있지 않은 사람은 아무도 없다. 그런 점에서 이러한 세상만사의 상호 관계성을 제대로 읽어내는 일은 무엇보다 중요한 공부이다. 그런 과정 없이 세계를 읽고 나를 알아간다는 것은 불가능한 일이기 때문이다. 이 마당에 인간 현상의 근저에서 벌어지는 일들과 관련된 종교 현상은 그 어떤 것보다도 세계를 읽고 인간을 알아가는 근간이 아닐 수 없는 것이다.

### 할 말은 많은데

너무 부지런히 마무리했다. 이번 장에서는 천도교, 증산교, 원불교를 정리했지만, 너무 짧은 지면 안에 넣은 듯해서 염려스럽다. 행여나 이들의 실상에 대해 오해하는 독자가 생길까 걱정도 된다. 그럼에도 불구하고 지금까지의 세계 종교들의 영향사적 차원에서 보자면, 이 정도 분량으로 멈추는 것이 정당하겠다 싶다. 다만 독자들 중 한 사람이라도 세계에 내놓을 독자적인 사상, 종교적 가르침이 한국 안에서 발생하고 전개되고 있다는 사실에 적극적 의미를 부여할 수 있는 이가 생긴다면 더 바랄 나위가 없겠다는 마음으로 이장을 일단 마무리하고자 한다. 그리고 지금까지 간략하게 살펴본 세계 주요 종교 여행도 끝내고자 한다. 이 책을 읽다가 어느 틈엔가 그 무엇이든 조금이라도 달라져 있는 자신을 느끼면서 마음에 미소를 짓는 어느 독자를 상상하며.

12

# 한국인의 종교적 심성[1]

한국 사람이라면 누구나 유 · 불 · 선과 같은 전통 종교들에 의해 알게 모르게 틀지어져 있다. 그래서 한국 사람 안에는, 설령 한국의 오랜 전통을 부정하려는 그리스도인이라 할지라도 유교적 가치도 들어 있고, 불교적 가치도 들어 있다. 그리고 무교적 가치도 들어 있다. 그렇지 않다고 부정해도 그렇다. 100여 년 전 한국에 들어온 한 개신교 교육자이자 선교사였던 헐버트H. B. Hulbert는 당시 조선인의 종교 상황을 이렇게 적고 있다. "한국인은 사회적으로는 유교도이고 철학적으로는 불교도이며 고난에 처했을 때는 영혼 숭배자

1 이 부분은 지금까지의 내용과 일부 중복되기도 하지만, 한국의 종교적 상황 내지는 한국인의 종교적 심성을 한국적 맥락에서 종합적으로 읽는 데 도움이 되리라고 판단되어 일종의 부록 차원에서 포함시켰다.

가 된다." 이 말은 100여 년이 지난 지금도 크게 달라지지 않은 것으로 보인다.

### 유교 문화와 그리스도교

특히 조선 시대 이래로 한국인은 누구나 유교인이 되었다. 가령 자신의 종교를 묻는 질문에 유교라고 답하는 사람은 1-2% 내외에 그치지만, 한국 사람의 절대 다수는 자기도 모르는 사이에 유교적 가치를 구체화시키며 산다. 그리스도교 교회조차도 유교적 질서를 크게 벗어나지 않는다. 유교적 질서란 무엇인가? 그 질서의 핵심은 자식이 부모를, 백성이 임금을, 아랫사람이 윗사람을 모시는 '효孝', '충忠', '서序'에 있다고 할 수 있다. 그리고 이 효, 충, 서를 한마디로 묶으면 '경敬'이 된다.

특별히 '효'는 한국 전통 교육의 핵심 덕목이다. 한국의 교육계에서는 삼국 시대 이래 『효경孝經』을 필수 교양 과목으로 지정해왔고, 불교에서는 이러한 분위기를 반영하여 『부모은중경父母恩重經』과 같은 경전이 널리 읽혀져 왔을 만큼 '효'를 강조해왔다. 이것은 종파를 막론하고 한국의 교육 현장이라면 어디서나 적용되는 사실이다.

한국 그리스도인도 "부모를 공경하라(출애굽기 20 : 12)" 내지는 "부모에게 순종하라(에페소서 6 : 1, 골로새서 3 : 20)"는 말씀을 하느님의 계명이나 말씀으로 지킨다지만, 그것이 성서에 씌어 있어서 그렇게 하는 것은 아니다. 성서에, 십계명에 그런 말씀이 있다고 해서 한국 그리스도인에게 부모 공경의 태도가 설득력을 얻게 되는 것은 아니다. 한국 사람은 옛날부터 이미 유교적 가르침에 입각해 부모를 공경해왔기 때문에 그리스도인이든 누구든 부모를 공경하게 되는 것이다. 그것이야말로 유교적 가르침의 핵심이다. 한국인은 유교적 질서에 따르면서 사회적 질서를 유지해가고 있는 것이다.

그리고 이 '효'를 국가적 차원으로 확대한 것이 '충忠'이다. 한국 사회는 전통적으로, 특히 조선 중기 이래 '효'와 그것의 확대로서의 '충'을 중심으로 하는 수직적 가족 국가 체제를 유지해왔다. 국가는 왕을 정점으로 하는, 사실상 거대한 가족적 체계였다. 조선 왕조는 사회의 최소 단위인 가족 안에서는 가부장적 '효'의 질서를 강조하고, 그것을 왕에게 적용하여 '충'의 차원으로 확대시키는 방식으로 국가적 통치 전략을 세워온 것이다. 이것은 조선 사회가 가족적 질서를 기반으로 통합되어 있던 사회임을 뜻한다.

또 전통 사회 질서의 근간인 '장유유서長幼有序'는 오늘까지도 우리 사회 안에 크게 영향을 미치는 유교적 덕목이다. 한국 사람은 교회든 절이든, 아래위를 나누지 않으면 관계가 맺어지지 않는다. 상대방의 나이를 확인하고 나서야 말을 높여야 할지 내려도 될지가 정해진다. 가정이든 학교든, 사회 질서에 있어서는 윗사람을 '공경'하고, 언어 구사에 있어서는 '경어'를 제대로 구사할 때, 즉 '경'을 실천할 때, '교육을 제대로 받았다'는 평을 듣게 된다. 이 모든 것은 거의 유교에서 받은 영향이다. 이런 영향을 받고 산다는 점에서 한국의 그리스도인은 어느 정도 유교적 그리스도인일 수밖에 없다.

설령 제사를 지내지 않는 보수적 개신교 집안이라고 할지라도, 가정 교육만큼은 기본적으로 유교적 원리와 질서에 따라 이루어진다. 여전히 '엄부자모嚴父慈母'의 분위기가 통용되며, 이상적인 가족관은 엄한 아버지를 가족의 정점으로 하고서 따듯한 어머니가 그 체계를 뒷받침해나가는 모습으로 그려진다. 이러한 체계를 유지시켜주는 대표적인 행사가 전통적인 집안 제사이다.

## 제사와 그리스도교

한국인은 21세기를 맞이하고 있는 현재까지 여전히 대다수가 정기적으로 제사를 드리거나, 그렇지 않다면 적어도 그 제사적 분위기는 그대로 유지하고 있다. 가톨릭 교회에서는 공식적으로 제사 지침까지 마련할 만큼 제사를 적극적으로 수용하고 있는 상황이며, 대다수 개신교 집안의 경우는 전통적 제사 대신 추도 예배라는 형태로 의례의 모습을 바꾸어 드리고 있지만, 사실상 그것도 제사 풍습의 연장이라고 봐도 무방하다. 제사와 추도 예배는 그 '심리적 정서'에 있어서도 그다지 이질적인 것으로 보이지 않는다. 그리스도교적 가르침에 충실해야 하면서도, 조상을 모시는 정신까지 부정할 수는 없기에, 추도 예배라는 옷을 입은 다른 형태의 제사를 계속 드리고 있는 셈이다. 이것은 유교 위에서, 이미 유교인이었던 한국인이 그리스도교를 받아들이고 있다는 증거이다.

그렇기에 그리스도인이라 할지라도 여타의 유교적 관혼상제 의식은 여전히 따르고 있는 것이다. 다만 우상 숭배 금지 조항을 그리스도교적 정통 신앙 체계로 인정하기에 절하는 행위만은 금지하는 형태로 나타나고 있을 뿐이다. 우상 앞에 절을 하지 않는다는 신념을 실천함으로써 그리스도교적 정체성을 유지하고자 하지만(특히 개신교의 경우), 본래 유교인이기에 3일장이나 폐백 같은 전통적인 의례는 그대로 유지해오고 있는 것이다. 그리스도인의 신분을 가지면서 제사 때 조상에게 절을 하는 경우는 더 말할 것도 없다.

전통적으로 가져왔던 혈연적 가족 중심의 문화로 인해 한국 그리스도인이 주로 하는 기도의 내용은 '우리 가족의 건강과 축복'이다. 긍정적이든 부정적이든, 이것은 모두 한국의 전통적 정서를 무시하고서는 그리스도교적 정신이라는 것 자체가 이 땅에 뿌리내릴 수 없음을 보여준다. 그런 점에서 보면, 성서적 규범을 근거로 그리스도교적 질서가 잡혀나간다기보다는, 역으로 전통적 질서를 그리스도교적으로 해석하고 구체적 생활에 적용시키는 방식으로 그리스도교적 질서가 이루어져가는 셈이다.

### 무교와 불교 문화

또 오늘날 부흥하는 대형 개신교회는 대부분 무속적인 뜨거움을 추구하는 교회이다. 객관적 관찰자의 시각에서 보면, 한국 개신교의 부흥회, 통성 기도는 굿판과 달라 보이지 않는다. 성령쇄신운동을 유지 발전시켜나가게 만드는 가톨릭의 분위기도 사실상 우리나라의 무교적 기질과 본질적으로 다른 것으로 보이지 않는다. 유독 한국 그리스도교에서 광범위하게 전개되는 새벽 기도회나 새벽 미사는 새벽 치성을 드리던 무교적 분위기 내지는 새벽 예불이 주는 종교적 경건함의 연장이다. 단군은 물론, 고구려, 신라의 초대 왕들도 종교적 사제, 좀 좁혀 얘기하면 무당과 관련이 있었던 것으로 간주된다.

증산교를 세운 증산 강일순 등 우리나라 민족 종교의 창시자들 역시 오랜 무교적 전통과 기질에서 많은 영향을 받았다. 증산 계열 종교의 중심 사상인 해원(解寃)은 무교의 '살풀이' 정신과도 다르지 않다. 세련된 형이상학적 체계를 갖추고 있었던 조선조 성리학자들도 제사만큼은 진지하게 바쳤는데, 이 제사라는 것이 신을 모시고, 받들고, 보내는 과정으로 이루어져 있다는 점에서는 다분히 무교적 세계관과 상통한다. 샤머니즘적 조상 제사 전통을 사회 윤리와 국가적 통치 철학의 차원으로까지 심화 확대한 것이 유교이듯이,[2] 이미 무교인이었던 한국인이 성리학을 중심으로 중국의 유학을 '궁리窮理'의 차원에서 받아들인 셈이라고 할 수 있다.

그런 점에서 한국의 무교 문화는 전체적으로 한국인의 종교적 심성의 근간을 이루고 있다. 무교 문화는 한국인의 골수에 박혀 있는

2 이 책 7장(유교)의 '가족과 조상' 부분을 참조할 것.

한국 종교 문화의 또다른 정수이다. 무교는 다양한 외래의 신들마저 받아들일 수 있을 만큼 포용적이며, 그러한 포용성을 가지고 스스로를 유지해나간다. 그러기에 수천 년 동안 한국적 정신의 깊이를 구체적으로 담아내고 있으며, 그런 식으로 한국인의 원초적 정신 속에 깃들어 있다. 그리스도교가 무교를 미신시하고 대대적인 타파의 대상으로 삼았지만, 그것은 굴러온 돌이 박힌 돌을 빼내려고 하는 것에 지나지 않았다. 무당의 숫자는 도리어 늘었고, 그리스도교는 거꾸로 자신도 모르는 사이에 무교의 여러 요소를 받아들일 수밖에 없게 될 만큼 결과는 반대로 나타나게 되었기 때문이다. 그런 식으로 무교 역시 끊임없이 변용, 지속, 생성되고 있는 지극히 현대적인 현상이기도 한 것이다.

### 종교 문화의 상호 침투

이런 식으로 한 사회 안의 종교들은 서로 영향을 주고받는다. 새로 들어온 종교는 기존의 종교 문화 전통의 영향을 받으며 형성되어간다. 한국의 경우, 사회적 인간 관계에 있어서는 유교적 윤리(삼강오륜), 인생의 신비 내지는 초월적 세계에 있어서는 불교, 생사관, 신령관에 있어서는 무교의 영향을 받아왔고, 여기에다 도교적 신선관, 유교적 상제관 등이 중층적으로 보태지면서 한국적 종교를 이루어온 것이다.

그리스도교가 짧은 시간 안에 독자적 신학까지 할 수 있었던 것은 이미 고도의 유교와 불교 철학적 훈련을 겪었기 때문이기도 하다. 유학과 불학은 전통적 한국 사상의 핵심인 만큼, 이러한 전통 사상을 제외한다면, 사실상 그리스도교 신학도 제대로 할 수 없다고 말해도 과장이 아니다. 기존의 학문적 수준이 우리 사회에서 그리스도교 신학이 이루어질 있도록 해주는 선이해로 작용하는 것이다. 조선 시대 불교 억압의 사상적 기초로 작용했던 성리학도 실상은 불교의 영향을 받아 생겨난 학풍이라는 점 역시 마찬가지이다. 종교들은 자신의 의도와 관계없이, 아니 그 의도 이전에 이미 서로 영향을 주고받으며 종교로서의 정체성을 유지해오고 있는 것이다.

# | 참고할 만한 세계 종교 입문서 |

## 1. 국내 저술

**『세계 종교사 입문』**

(한국종교문화연구소 엮음, 1989 초판, 1991 개정판 701쪽, 2003 개정증보판, 청년사, 728쪽)

국내 종교학자 일곱 명이 쓴 대표적인 세계 종교사 안내서. 판을 거듭하면서 내용이 더욱 충실해졌으나, 여러 필자가 각 종교 전통별로 나누어 쓰다 보니 각 장章의 맥락과 시각에 일관성이 부족한 것이 흠.

**『경전으로 본 세계 종교』**

(한국전통문화연구회 엮음, 2001, 전통문화연구회, 1075쪽)

한국 사회와 관계된 일곱 가지 종교 전통의 내용을 일곱 명의 저자가 '궁극적 실재', '세계와 창조', '인간과 종교체험', '종교수행', '종교의

례', '개인윤리와 이상적 삶', '사회윤리와 이상적 사회', '창시자', '종교공동체'라는 아홉 개의 항목으로 분류한 뒤 간단한 해설과 함께 그에 해당하는 각 경전의 내용을 발췌해서 만든 책. 특히 각 종교의 경전을 직접 맛보고자 하는 사람들에게 유용하다.

**『종교의 세계』**

(정양모 · 박태식 엮음, 2003, 분도출판사, 232쪽)

필자도 공동 집필자로 참여한 책. 애당초 일반 독자의 눈높이에 맞추어 기획되었기에 어렵지 않으며 분량이나 내용도 적당하다. 다만 열한 명이나 되는 필자들이 종교별로 나누어 쓴 터라 종교 현상들 간의 연결 고리가 약한 것이 흠. 특히 유교 부분은 한 편의 논문 같은 느낌이 든다. 『종교로 세계 읽기』의 불교 부분은 『종교의 세계』에 실린 필자의 글을 수정 보완했다.

**『세계 종교 둘러보기』**

(오강남 지음, 2003, 현암사, 391쪽)

쉽고 간결한 문체로 각 종교의 핵심을 잘 소개하고 있다. 활자체가 커서 시각적으로도 편안하다. 일반인들이 세계의 주요 종교들을 둘러보는 데는 제격이다.

**『청소년을 위한 종교 이야기 : 세계 종교의 문을 열다』**

(류상태 지음, 2005, 인물과사상사, 218쪽)

청소년 독자들에게 다양한 종교들을 '타' 종교가 아닌 '이웃' 종교로 볼 수 있는 대화적 안목과 진정한 종교심을 고양시키려는 의도로, 그리스도교, 이슬람, 불교 등 세계 종교와 유교, 도교. 천도교 등 동아시아와 한국의 종교들의 요지를 평이하게 정리한 종교 입문서.

## 2. 번역서

**『세계종교사』**

(J. B. 노스 지음, 윤이흠 옮김, 1986, 현음사, 1104쪽)

우리말로 세계 주요 종교의 역사와 사상을 본격 소개한 선구자적인 책. 각 종교 전통에 대한 서술만으로도 하나의 단행본이 될 정도로 방대하다. 지금까지 우리나라 대학에서 가장 널리 사용된 세계 종교사 교재일 듯.

**『세계의 종교』**

(휴스톤 스미드 지음, 이종찬 옮김, 1993, 은성, 522쪽)

미국 라디오 방송 강의를 토대로 쓴 비교적 쉬운 세계 종교 입문서. 탁월한 학자의 글이지만, 때로는 저자의 주관이 지나치게 개입된 에세이와 같은 느낌을 주는 것이 아쉬움이라면 아쉬움.

**『세계의 종교와 관습』**

(제임스 F. 루이스 외 지음, 엄성옥 외 옮김, 1995, 은성, 629쪽)

각 종교의 역사적인 측면보다는 주요 사상 및 개념, 문화적인 측면을 주로 다루고 있으나, 그리스도교 호교론적 시각에 따라 씌어진 것이 근본 문제.

**『종교사 입문』**

(퀸터 란츠콥스키 지음, 박태식 옮김, 1997, 분도출판사, 160쪽)

다양한 종교들의 특징과 기본 사상 등을 간략하게 잘 정리해놓았고, 일반 독자가 보기에는 분량도 적당하나, 전형적인 유럽인의 관심사에 따라 유럽 주변 종교들 중심으로 서술하고 있다.

**『세계의 종교 : 동굴벽화에서 현대의 다원주의까지』**

(니니안 스마트 지음, 윤원철 옮김, 2004, 예경, 846쪽)

말 그대로 동서고금의 다양한 종교 문화적 양상을 역사적 현장 감각을 살려 쉽게 정리한 대표적 종교학자의 세계 종교 입문 최신판. 권할 만하다.

**『어린이 세계 종교』**

(트레버 반즈 지음, 윤이흠 옮김, 2004, 다섯수레, 166쪽)

다양한 종교들의 기본적인 사상, 의례 등을 화려한 칼라 사진을 수록하면서 풀어쓴 책. 쉬운 사전과 같은 느낌을 주지만, 교리화한 내용을 전제하고서 단편적으로 설명하는 경향이 있는 것이 흠.

**『종교 : 지도로 본 세계 종교의 역사』**

(프랭크 웨일링 외 11인 지음, 김한영 옮김, 2004, 갑인공방, 240쪽)

역사적, 연대기적, 개념적 서술 방식이 아닌, 각종 사진 자료들을 통한 문화적, 지리적 종교 이해를 도모하는 세계 종교사. 다양한 종교 현상이 당시에 처한 지리적 환경 속에서 어떻게 변화하고 성장해왔는지를 다룬다. 현장감이 느껴진다.

**『3일만에 읽는 세계의 종교』**

(야마오리 데츠오 지음, 이계성 옮김, 2004, 서울문화사, 224쪽)

세계의 주요 종교 및 일본 신도 등의 요지를 간단명료한 도표나 그림과 함께 소개하고 있는 책. 특히 지구상 종교 분쟁의 원인과 현황 등 일반 독자들이 관심을 기울일 만한 현대적 주제들을 정리하고 있다.

**『세계종교사상사』**(1 · 2 · 3)

(미르치아 엘리아데 지음, 이용주 외 옮김, 2005, 이학사, 전체 2000쪽)

연대기적 서술 방식을 따르면서도 역사의 개별적 사실들을 나열하기보다는, 여러 종교 현상의 보편적이고 초역사적인 구조 및 의미를 밝히고자 한다. 20세기 최대의 종교학자라 할 수 있는 저자가 역량을 다해 저술한 최대 규모의 세계종교사로서, 시간을 두고 정독할 만한 가치가 충분하다.

**『세계의 종교 이야기』**

(폴 발타 외 지음, 윤정임 외 옮김, 2007, 미래M&B, 260쪽)

여러 종교 현상이나 개념들을 주제별로 나누어 다양한 사진 및 그림들과 함께 간단간단하게 해설하고 있다. 요지들을 잘 짚고 있으나, 대 종교 전통이나 소 종단들을 비슷한 분량으로 다루는 바람에 독자들이 세계 종교들의 영향력도 대동소이한 것처럼 느끼게 될까 염려스럽다.

『3일만에 읽는 세계의 종교』를 제외한다면, 이들 번역서의 공통점은 시각이 서구적이라는 점이다. 서구인이 쓴 세계종교사가 서구적인 시각을 가지는 것은 당연하지만, 한국적 상황이 거의 소개되어 있지 않은 까닭에 한국인으로서 아쉬운 느낌이 드는 것 역시 당연한 일이 아닐까? 물론 이를 통해 한국이 세계 안에서 어떤 자리매김을 하고 있는지 읽어내는 것도 유익한 '행간 읽기'일 것이다.

# 종교로 세계 읽기

**펴낸날** 1판 1쇄 2005년 2월 28일
1판 3쇄 2007년 3월 28일
2판 1쇄 2009년 2월 27일
2판 4쇄 2015년 9월 10일

**지은이** 이찬수
**펴낸이** 김훈순 | **펴낸곳** 이화여자대학교출판부
**주소** 서울특별시 서대문구 이화여대길 52(우 03760)
**등록** 1954년 7월 6일 제9-61호
**전화** 02) 3277-2965(편집)
02) 362-6076(마케팅)
**팩스** 02) 312-4312 | **전자우편** press@ewha.ac.kr
**홈페이지** www.ewhapress.com
**책임편집** 이혜지 | **디자인** 정혜진
**찍은곳** 한영문화사


ISBN 978-89-7300-812-4 93200

값 10,000원

* 잘못된 책은 바꾸어 드립니다.